Verlag für Systemische Forschung
im Carl-Auer Verlag

Markus W. Haun

Systemische Therapie in der stationären psychiatrischen Versorgung

Zur nachhaltigen Implementierung in der Organisationskultur

Mit einem Vorwort von Jochen Schweitzer

2014

Der Verlag für Systemische Forschung im Internet:
www.systemische-forschung.de

Carl-Auer im Internet: www.carl-auer.de
Bitte fordern Sie unser Gesamtverzeichnis an:

Carl-Auer Verlag
Vangerowstr. 14
69115 Heidelberg

Über alle Rechte der deutschen Ausgabe verfügt
der Verlag für Systemische Forschung
im Carl-Auer-Systeme Verlag, Heidelberg
Fotomechanische Wiedergabe nur mit Genehmigung des Verlages
Reihengestaltung nach Entwürfen von Uwe Göbel & Jan Riemer
Printed in Germany 2014

Erste Auflage, 2014
ISBN 978-3-89670-987-5
© 2014 Carl-Auer-Systeme, Heidelberg

Bibliografische Information Der Deutschen Nationalbibliothek
Die Deutsche Nationalbibliothek verzeichnet diese Publikation
in der Deutschen Nationalbibliografie; detaillierte bibliografische
Daten sind im Internet über http://dnb.ddb.de abrufbar.

Die Buchpublikation dieser Dissertation wurde mit Mitteln der Stiftungen Landesbank Baden-Württemberg gefördert.

Diese Publikation beruht auf der Inauguraldissertation „Wie nachhaltig lässt sich eine systemtherapeutisch erweiterte Behandlungspraxis in allgemeinpsychiatrischen Kliniken mit regionalem Versorgungsauftrag implementieren?" zur Erlangung des Grades eines Doktors der Humanmedizin der Medizinischen Fakultät Heidelberg der Ruprecht-Karls-Universität Heidelberg, 2010.

Die Verantwortung für Inhalt und Orthografie liegt beim Autor.
Alle Rechte, insbesondere das Recht zur Vervielfältigung und Verbreitung sowie der Übersetzung vorbehalten. Kein Teil des Werkes darf in irgendeiner Form (durch Fotokopie, Mikrofilme oder ein anderes Verfahren) ohne schriftliche Genehmigung des Verlags reproduziert oder unter Verwendung elektronischer Systeme verarbeitet werden.

*In Dankbarkeit und Erkenntnis
meinen Eltern sowie meinen Geschwistern*

Inhaltsverzeichnis

Vorwort   5

1. Einleitung   7

1.1 Klinische Evidenz System- und familientherapeutischer Ansätze in der Psychiatrie   7
1.2 Das SYMPA-Projekt: Systemische Organisationsentwicklung in der Akutpsychiatrie   12
   1.2.1 Zielsetzung   12
   1.2.2 Beteiligte Institutionen   15
   1.2.3 SYMPA-Weiterbildung und die Implementierung auf den Stationen   16
1.3 Ziele und Fragestellungen der vorliegenden Studie   20

2. Theorie   23

2.1 Psychisches Erleben als Ordnungszustände in nichtlinearen, dynamischen Systemen   23
2.2 Kommunikative Attraktoren im Rahmen psychischer Störungen: Communication Deviance (CD) und Expressed Emotion (EE)   27
2.3 Die klinisch-anwendungsbezogene Perspektive: Grundlagen systemischer Psychotherapie in der Psychiatrie   33
   2.3.1 Klinische Epistemologie und Krankheits- bzw. Störungsverständnis   33
   2.3.2 Systemtherapeutisch erweiterte Behandlungspraxis in der stationären Psychiatrie   39
2.4 Perspektive der Organisationsentwicklung: Grundlagen systemischer Organisationstheorie   47
   2.4.1 Theoretische Grundlagen organisationaler Systeme   47
   2.4.2 Gütekriterien systemischer Organisationsentwicklung in psychiatrischen Kliniken   53
2.5 Theoretisches Rahmenmodell und Fragestellungen der vorliegenden Studie   56

3. Methodik — 63

3.1 Between-Method Studiendesign: Kombination qualitativer und quantitativer Evaluation — 63
3.2 Methodik der klinisch-anwendungsbezogenen Forschungsperspektive: Quantitative Evaluation per Fragebogen — 66
   3.2.1 Der Systemische Interventionsfragebogen (SIFB) — 66
   3.2.2 Checkliste Systemische Akutpsychiatrie (CSA) — 67
   3.2.3 Erhebung — 67
   3.2.4 Stichprobe — 68
   3.2.5 Datenauswertung: Varianzanalyse mit Messwiederholung sowie Mittelwertvergleich — 70
3.3 Methodik der Forschungsperspektive der Organisationsentwicklung: Experteninterviews und Strukturierende Inhaltsanalyse — 71
   3.3.1 Rekonstruierende qualitative Organisationsforschung in der Psychiatrie — 71
   3.3.2 Erhebungsmethode: Das theoriegenerierende Experteninterview — 72
   3.3.3 Entwicklung des Interviewleitfadens — 73
   3.3.4 Auswertungsmethode: Qualitative Inhaltsanalyse mit QDA-Software — 75

4. Ergebnisse — 91

4.1 Anwendungsebene: Die Praxis systemtherapeutisch erweiterter Behandlungspraxis auf den Projektstationen — 91
   4.1.1 Die Ergebnisse des Systemischen Interventionsfragebogens (SIFB) — 91
   4.1.2 Anwendung systemtherapeutisch erweiterter Behandlungspraxis 2005 bis 2008 im Verlauf: Die Ergebnisse der Checkliste Systemische Akutpsychiatrie (CSA) — 111
   4.1.3 Zusammenfassung — 121
4.2 Organisationsebene: Die Wirkung systemtherapeutisch erweiterter Behandlungspraxis innerhalb der Klinik — 125
   4.2.1 Kontextvariablen einer systemisch-psychiatrischen Organisationskultur — 125
   4.2.2 Psychiatriespezifische Systemrationalitäten als Hindernisse für systemtherapeutisch erweiterte Behandlungspraxis — 144
4.3 Umweltebene: Angehörige und psychiatrisches Versorgungsnetzwerk — 151

5. Diskussion   **159**

5.1 Beobachterbias qualitativer Forschung   159
5.2 Reflexion der Ergebnisse   162

6. Zusammenfassung und Ausblick   **169**

Bibliographie   **174**

Tabellarischer Anhang   **187**

Vorwort

Ein Vorwort zur Buchpublikation einer Studie zu schreiben, deren Untersuchungsgegenstand man selbst mit erzeugt hat, bedarf zunächst einmal einer Begründung. Markus Haun hat in seiner medizinischen Dissertation, die diesem Buch zugrunde liegt, im Jahr 2008 in drei nord- und westdeutschen psychiatrischen Kliniken die mittelfristigen Nachwirkungen des SYMPA-Projektes nachverfolgt – eines damals seit fünf Jahren laufenden systemisch-psychiatrischen Interventionsprojektes, an dessen Konzeption und Durchführung ich selbst wesentlich mitbeteiligt gewesen bin. Er hat dies in einer derart sorgfältigen und anschaulichen Weise getan, dass ihm 2013 dafür der Forschungspreis der Systemischen Gesellschaft verliehen wurde. Und er hat auch deutlich herausgestellt, wo dieses Projekt seine angestrebten Wirkungen damals nicht erreicht hat. Seither hat der Autor als systemisch-familienorientierter Kliniker am Heidelberger Universitätsklinikum zahlreiche weitere Erfahrungen in der Psychosomatischen Medizin gesammelt. Zum Zeitpunkt, an dem ich dies Vorwort schreibe, setzt er sich in Bern als Arzt mit dem Soteria Projekt auseinander, einer Akutbehandlungseinrichtung für psychotisch gestörte Menschen, die durch beruhigende Umgebungsbedingungen mit möglichst wenig Medikamenten auszukommen versucht. Markus Hauns Erfahrungsspektrum mit systemisch-familienorientierten Interventionen in psychiatrischen und psychosomatischen Einrichtungen reicht also weit über das SYMPA-Projekt hinaus. Seine Evaluation ist mit einem methoden- und projektkritischen Auge geschrieben. All dies ermuntert mich, dieses Vorwort „dennoch" zu schreiben – auch wenn meine eigene Tätigkeit Teil seines Forschungsgegenstandes ist. Systemisch-familienorientierte Psychiatrie ist Teil einer zwar leider noch minderheitlichen, aber doch vielerorts vorfindbaren Tradition, den zwischenmenschlichen Kontexten und den subjektiven Sinnbezügen psychiatrischer Erkrankungen sowohl zur deren Erklärung wie auch zu ihrer Behandlung Beachtung zu schenken. Die Recovery Bewegung, die trialogischen Psychoseseminare oder der aus Skandinavien stammende

Ansatz der bedürfnisorientierten Psychosentherapie gehören gemeinsam mit systemtherapeutischen Ansätzen zu dieser „Geistesfamilie". SYMPA entstand in den Jahren 2000 bis 2002 in Deutschland und der Schweiz als Versuch, systemisch-familienorientierte Praktiken unter den Alltagsbedingungen stationärer Allgemeinpsychiatrie als gemeinsame Behandlungsphilosophie und -praxis ganzer Stationen und idealerweise ganzer Abteilungen zu etablieren. Primäres „Vehikel" dazu war und ist eine ca. 18tägige, auf ein bis zwei Jahre verteilte Weiterbildung ganzer Klinikstationen, berufsgruppenübergreifend und mancherorts sogar klinikübergreifend angelegt. Dieses Buch beschreibt, was daraus wurde. Das Helm Stierlin Institut in Heidelberg hat als organisatorischer Träger dieser „inhouse-trainings" inzwischen viel Erfahrung gesammelt. Für die kontinuierliche Weiterentwicklung dieses Weiterbildungskonzeptes habe ich meinen Kolleginnen Liz Nicolai in Heidelberg und Ulrike Borst in Zürich sehr zu danken. Inzwischen hat sich SYMPA über die drei ursprünglichen Pionierkliniken Paderborn, Wunstorf und Gummersbach hinaus weiterentwickelt. Kliniken in Münsterlingen (Schweiz) und Lüdenscheid (Sauerland) waren die nächsten. In Lüdenscheid wurden erstmals regionale Kooperationspartner in die Weiterbildung einbezogen, seither ist dies Standard. Demnächst werden auch in Haar bei München, dort mit Schwerpunkt auf Menschen mit intellektueller Behinderung, und in Wangen im Allgäu SYMPA-Weiterbildungen beginnen, weitere Anfragen liegen vor. Es steht zu hoffen, dass in immer mehr Kliniken und deren regionalen Kooperationspartnern ein systemisch-familienorientierter Ansatz anzutreffen sein wird, der das „häusliche Umfeld" eines Patienten in die Behandlung mit einbezieht. Markus Haun, und mit ihm auch seinen Kolleginnen und Kollegen Julika Zwack, Matthias Ochs und Henrike Kordy, die an diesen Studien zu unterschiedlichen Zeitpunkten beteiligt waren, danke ich dafür, dass sie gezeigt haben, dass die Einführung von SYMPA machbar und lohnenswert ist.

Jochen Schweitzer
Heidelberg, Februar 2014

„What upsets me most – I will never know what he would have been like had this illness never happened."
[Father of 19-year-old son with psychosis]

1. Einleitung

1.1 KLINISCHE EVIDENZ SYSTEM- UND FAMILIENTHERAPEUTISCHER ANSÄTZE IN DER PSYCHIATRIE

In den letzten Jahrzehnten konnte im Anschluss an die Formulierung grundlegender theoretischer Konzeptualisierungen (Minuchin, 1974; Stierlin, 1994; Watzlawick et al., 1969; Welter-Enderlin und Hildenbrand, 2004) die Wirksamkeit von system- und familientherapeutischen Interventionen bei Patienten[1] mit selbst schwersten psychischen Störungsbildern auch in randomisierten kontrollierten Studien nachgewiesen werden (Carr, 2009; Heru, 2006; Retzlaff et al., 2013; Sydow et al., 2010). Im aktuellen Cochrane Review zu familientherapeutischen Interventionen bei Schizophreniespektrumstörungen kommen Pharoah et al. (2010) zu dem Ergebnis, dass ein entsprechender therapeutischer Ansatz zur Verminderung stationärer Aufenthalte beiträgt und die Rückfallrate signifikant vermindert sowie allgemein die soziale Kompetenz stärkt. Zusätzlich wird nach familientherapeutischen Interventionen eine erhöhte Compliance hinsichtlich der medikamentösen Therapie beobachtet. Barrowclough et al. (2001) fanden nach Familientherapie bei schizophrenen Patienten signifikant höhere Endscores im *Global Assessment of Functioning (GAF)*. Darüber hinaus befördert ein familienorientierter Therapieansatz bei Angehörigen ein besseres

---

[1] Aus Gründen der flüssigeren Lesbarkeit wird im Folgenden fast ausschließlich die männliche Form als Rollenbezeichnung verwendet, gemeint sind jedoch immer beide Geschlechter. Von psychischen Störungen Betroffene werden im Folgenden als Patienten bezeichnet, womit dem Entstehungskontext dieser Arbeit in der stationären Akutpsychiatrie Rechnung getragen werden soll.

Verständnis hinsichtlich der Bedürfnisse von schizophren diagnostizierten Patienten (Bloch et al., 1995). In einer der wenigen Studien zur ökonomischen Effizienz konnten Falloon et al. (1982) zeigen, dass nach einem Jahr erfolgter ambulanter Familientherapie bei Schizophrenie die Gesamtkosten etwa 20% unter denen der individuell primär pharmakotherapeutisch behandelten Kontrollgruppe lagen.

Systemtherapeutische, d. h. an Kommunikation individueller und sozialer Systeme und deren Ressourcen orientierte, Ansätze erweisen sich dabei zunehmend auch im psychiatrischen Kontext als geeignetes Modell sowohl zur Problembeschreibung als auch zum therapeutischen Vorgehen (Fuchs, 2005; Simon, 1993). Zur Wirksamkeit Systemischer Therapie bei den oben schon angesprochenen Schizophreniespektrumstörungen gibt es zunehmend randomisiert-kontrollierte Studien (Bertrando et al., 2006; Bressi et al., 2008; Cao und Lu, 2007; De Giacomo et al., 1997; Lehtinen, 1993). Bei depressiven Störungen erwies sich systemische Paartherapie im *London Depression Intervention Trial* (Leff et al., 2000) im Vergleich zu antidepressiver Medikation allein als wirksamer. Auch für den Bereich Abhängiges Verhalten existieren erste Wirksamkeitsnachweise für Systemische Therapie im stationären Entzug bei Opiatabhängigkeit (Yandoli et al., 2002). Als besonders geeignet scheinen systemtherapeutische Interventionen bei Essstörungen im Kindes- wie Erwachsenenalter: Retzlaff et al. (2013) werteten für diesen Störungsbereich in einer umfangreichen Meta-Analyse 12 randomisiert-kontrollierte klinische Studien als erfolgreich.

Nachdem im angloamerikanischen Raum, was z. B. die Schizophreniespektrumstörungen angeht, die Familientherapie sowohl in die *National Institute for Health and Clinical Excellence (NICE) Guidelines*[2] als auch in die Behandlungsleitlinien[3] der *American Psychiatric Association (APA)* aufgenommen wurde, wird

---

[2] http://www.nice.org.uk/nicemedia/pdf/CG82NICEGuideline.pdf [Stand: 21.01.2014, 15:02]
[3] http://www.psychiatryonline.com/pracGuide/PracticePDFs/Schizophrenia2e_Inactivated_04-16-09.pdf [Stand: 21.01.2014, 15:02]

beabsichtigt deren Elemente stärker in die psychiatrische Berufsausbildung zu integrieren (Greve und Keller, 2002; Josephson, 2008; Rait und Glick, 2008a, b; Retzer, 2008; Ruf, 2005). So sieht das in den USA für die Inhalte der Facharztausbildung verantwortliche *Accreditation Council for Graduate Medical Education (ACGME)* seit kurzem den Erwerb von fünf psychotherapeutischen Kompetenzgebieten für angehende Psychiater vor, um die Fähigkeit zur Kommunikation mit Patienten *und* deren Familien im klinischen Kontext zu schulen[4]. In diesem Zusammenhang schlägt das *Committee on the Family* des think tank *Group for the Advancement of Psychiatry (GAP)* einen Katalog von definierten Kernkompetenzen für allgemeinpsychiatrisch tätige Assistenzärzte vor, welcher den ACGME-Kriterien gerecht wird (Berman et al., 2006). Berman und Heru (2005) sehen diese neueren Entwicklungen als „window of time in which there is a renewed possibility for integrating family systems training into basic psychiatric training". Zusammenfassend erfolgt Systemische Therapie heute auch bei komplexen psychischen Störungsbildern mit wenigen Ausnahmen evidenzbasiert. Dies spiegelt sich auch in den neuesten Entwicklungen in der Bundesrepublik Deutschland wieder. Laut Gutachten des Wissenschaftlichen Beirats Psychotherapie zur Systemischen Therapie vom 14. Dezember 2008 (Wissenschaftlicher Beirat Psychotherapie, 2009) gilt das Verfahren in folgenden Anwendungsbereichen bei Erwachsenen als wissenschaftlich anerkannt und wird dementsprechend für die vertiefte Ausbildung zum Psychologischen Psychotherapeuten empfohlen[5]:

    1. Affektive Störungen
    2. Essstörungen
    3. Psychische und soziale Faktoren bei somatischen Krankheiten
    4. Abhängigkeiten und Missbrauch
    5. Schizophrenie und wahnhafte Störungen

---

[4] http://www.acgme.org/acWebsite/downloads/RRC_progReq/
400_psychiatry_07012007_u04122008.pdf [Stand 21.01.2014, 15:02]
[5] http://www.wbpsychotherapie.de/
page.asp?his=0.1.17.71.83 [Stand 21.01.2014, 09:25]

Die erste Studie zu systemtherapeutischer Praxis im stationären Kontext in Deutschland fand im Rahmen des im Folgenden beschriebenen SYMPA-Projektes[6] (**SY**stemtherapeutische **M**ethoden in der **P**sychiatrischen **A**kutversorgung) in der Kernphase von 2003 bis 2006 und in einer Nachhaltigkeitsphase von 2007 bis 2009 statt (Schweitzer und Nicolai, 2010).

In einem ersten Schritt wurden dabei die Effekte einer systemisch-therapeutischen Weiterbildung des Behandlungsteams auf das Outcome von jeweils 187 stationär behandelten Patienten vor und nach erfolgter Weiterbildung im Sinne einer Qualitätssicherungserhebung gemessen (Crameri et al., 2009). Dies erfolgte sowohl anhand von Selbst- (Brief Symptom Inventory, BSI) als auch von Fremdrating-Skalen (Brief Psychiatric Rating Scale, BPRS und Beurteilungsskala FaeBe „Fähigkeitsstörungen und Beeinträchtigungen"). Insgesamt fand sich kein signifikanter Unterschied zwischen den Gruppen bei im BPRS tendenziell höheren Effektstärken für die Interventionsgruppe. Die Prä-Post-Differenzen innerhalb beider Gruppen waren mit mittleren bis starken Effekten bereits vor der Weiterbildung hoch, sodass eine sehr effektive Behandlung in den Kliniken bereits vor der Einführung von SYMPA zu vermuten ist. Zu bedenken ist der erschwerte Kontext der Versorgungsforschung in den drei teilnehmenden Landeskrankenhäusern, in denen etwa aufgrund von bestehender Aufnahmepflicht von einem geringeren psychosozialen Funktionsniveau der Patienten auszugehen ist (Shadish et al., 2000). Hinsichtlich der allgemeinen Praktikabilität psychiatrischer Versorgungsforschung kam Holsboer (1994) in einem Gutachten für das Bundesministerium für Forschung und Technologie (BMFT) zu dem Ergebnis, dass in nichtuniversitären Kliniken „praktisch keine" psychiatrische und klinisch-psychologische Forschung durchgeführt werde. Es ist zudem bekannt, dass sich Unterschiede in der gemessenen Effizienz einzelner therapeutischer Ansätze im ausseruniversitären stationären Setting

---

[6] http://www.sympa.uni-hd.de [Stand 21.01.2014, 09:22]

nivellieren: Shadish & Sweeney (1991) weisen für verhaltenstherapeutische und nichtverhaltenstherapeutische Behandlung in Universitätskliniken zunächst deutliche Unterschiede hinsichtlich der Effektstärken nach (d=.73 vs. d=.36), die in nichtuniversitären Versorgungskliniken nicht mehr aufzufinden waren (d=.35 vs. d=.36). Hinsichtlich des Patienten-Outcome ist jedoch vor allem zu berücksichtigen, dass sich die verwendeten Messinstrumente primär auf die Symptomebene konzentrierten und damit die „genuine systemische Perspektive mit dem Fokus auf Veränderungen in sozialen Systemen fehlt" (Crameri et al., 2009). In einem zweiten Schritt wurden im Zusammenhang mit SYMPA auch die Wirkungen systemisch-familienorientierten Arbeitens auf der Mitarbeiterebene in den auf den Akutstationen tätigen Teams evaluiert. Auswirkungen auf das professionelle Selbstverständnis der unterschiedlichen Berufsgruppen, auf die Teamkooperation und auf die Mitarbeiterbelastung wurden Prä-Post (Zwack und Schweitzer, 2008) sowie im Follow-Up (Maurer, 2009; Haun, 2012) in halbstrukturierten Interviews und einer Befragung per Team-Climate-Inventory deutscher Fassung (TKI) und Maslach Burnout Inventory deutscher Fassung (MBI-D) (Brodbeck et al., 2000; Büssing und Perrar, 1992) untersucht. Dabei blieben die signifikanten und positiven Veränderungen der Werte für Belastungserleben nach 2005 auch 2008 weiterhin stabil.

Die nun die vorliegende Studie befasst sich mit der Nachhaltigkeit systemtherapeutisch erweiterter Behandlungspraxis im versorgungsklinischen Kontext durch Fokussierung auf drei Leitfragestellungen:

1. Wie sieht die absolute Anwendungshäufigkeit von vier systemischen Kerninterventionen drei Jahre nach Ende des Projekts aus?

2. Inwieweit lassen sich aus der Implementierung eines systemisch-familienorientierten Ansatz Hinweise auf Elemente einer systemischen Organisationskultur in der stationären Akutpsychiatrie gewinnen?

3. Welche organisationalen Hindernisse im Kontext psychiatrischer Allgemeinkrankenhäuser bestehen für einen derartigen Ansatz?

1.2 DAS SYMPA-PROJEKT: SYSTEMISCHE ORGANISATIONSENTWICKLUNG IN DER AKUTPSYCHIATRIE

1.2.1 Zielsetzung

Bei SYMPA handelte es sich um den erstmaligen Versuch, ein strukturiertes systemtherapeutisches Behandlungskonzept innerhalb der stationären psychiatrischen Versorgung in Deutschland zu implementieren und gleichzeitig wissenschaftlich zu evaluieren (Haun et al. 2013; Schweitzer et al., 2005; Schweitzer und Grünwald, 2003).

Ziel war es, über eine multiprofessionelle systemische Weiterbildung der beteiligten Mitarbeiter auf sechs allgemeinpsychiatrischen Projektstationen *Systemische Therapie als Routinebehandlung für Patienten* zu etablieren – unter Einbindung familiärer und nichtfamiliärer Bezugspersonen – und diesen Prozess *kontinuierlich wissenschaftlich* zu evaluieren (Zwack und Schweitzer, 2008).

Theoretische Grundlagen dafür waren:

1. Grundlagen des systemisch-familientherapeutischen Ansatzes (Schiepek, 1999; Schlippe und Schweitzer, 2003; Schweitzer et al., 2007b)

2. das Konzept der Synergetik zur Selbstorganisation von menschlichen Systemen (Haken und Schiepek, 2010; Kriz, 1999; Strunk und Schiepek, 2006)

3. Anwendungsorientierte Darstellungen zur systemischen Psychiatrie (Bock und Weigand, 2002; Greve und Keller, 2002; Retzer, 2008; Ruf, 2000)

Patienten und deren Angehörige werden als Mitentscheidende und Mitgestaltende des Therapieprozesses verstanden. Indem die Symptomatik im Kontext der sozialen, beruflichen und lebensgeschichtlichen Situation des Patienten als sinnstiftend und funktional verstanden wird (systemisches Fallverständnis), wird bewusst auf einseitig pathologisierende Sichtweise verzichtet (Welter-Enderlin und Hildenbrand, 2004). Systemische Therapie wird dabei als der Teil des multimodalen psychiatrischen Behandlungsprogramms verstanden, der in komplementärer Betrachtung zu eher individuumzentrierten pathogenetischen Modellen[7] neurobiologischen Hintergrundes das *patientenbezogene Problemsystem* fokussiert (Anderson et al., 1986; Carr, 2009; Schiepek, 2010). Am Anfang einer psychischen Störung steht eine spezifische biopsychosoziale Herausforderung, die interaktionell und kommunikativ ein Problemsystem zirkulär generiert:

> „...the family is a complex, integrated whole, wherein individual family members are necessarily interdependent, exerting a continuous and reciprocal influence on one another. Thus, any individual family member is inextricably embedded in the larger

---

[7] Ausführliche Beschreibungen dazu bei Kandel (1998) und Hyman (2000)

family system and can never be fully understood independent of context of that system" (Cox und Paley, 1997).

Im Therapieprozess werden dann selbst in stark ausgeprägten Symptomen Lösungen und Ressourcen für spezifische Lebens- und Beziehungssituationen gemeinsam mit Patient, Angehörigen und behandelndem Team identifiziert. Dabei geht es nicht um eine Verharmlosung etwa einer ausgeprägten Minussymptomatik oder von aggressiv-gewalttätigem Verhalten; es geht darum, dass ein Verständnis der „guten Gründe" für psychiatrisch-symptomatisches Verhalten, ergänzt um neurobiologische Einflussfaktoren, eine unabdingbare Voraussetzung für effektive psychiatrische Behandlung darstellt. Dementsprechend liegt der systemischen Psychotherapie

> „weder ein holistisches Modell zugrunde noch erhebt sie den Anspruch auf eine von ihr geleistete Überwindung des Dualismus von Geist und Körper, sondern diese Unterscheidungen werden zunächst sogar verschärft" (Retzer, 2008).

Vielmehr gewinnt heute aus der theoretischen Perspektive der Wechselwirkung zwischen dem erkennenden Subjekt und dem Erkenntnisgegenstand, der Kybernetik 2. Ordnung, die lösungs- und ressourcenorientierte Denk- und Sprechweise über Patienten und deren Symptome zentrale Bedeutung. Sie berücksichtigt die Unmöglichkeit einer direkten Instruktion und dient dazu, dem Patienten(system) zur Verfügung stehende eigene Kompetenzen herauszuarbeiten. Der *Klient* wird dabei als *„Kooperationspartner auf Augenhöhe"* gesehen (Anderson und Goolishian, 1992), wohingegen Therapeuten

> „…Dialoge ermöglichen, in denen unterschiedliche Wirklichkeitskonstruktionen beschrieben werden und in denen mit alternativen Konstruktionen gespielt wird" (Schlippe und Schweitzer, 2003).

Um die subjektiven Krankheitsinterpretationen des Klienten adäquat aufgreifen zu können, folgt der Therapieprozess einer *„Kundenorientierung als systemische[r] Dienstleistungsphilosophie"* (Schweitzer, 1995). Unter Anerkennung individueller Wirklichkeitskonstruktionen beabsichtigt systemische Praxis auch in der Psychiatrie die Stärkung der Eigenverantwortlichkeit des Patienten und seiner Bezugssysteme. Vorhandene Ressourcen sollen aktualisiert und die das Problemsystem konstituierenden Kommunikationsmuster herausgearbeitet werden. Grundlegend für alle therapeutischen Schritte ist die Erweiterung der Wahlmöglichkeiten des Klienten dar: „Handle stets so, dass du die Anzahl der Möglichkeiten vergrößerst" (Foerster, 1988).

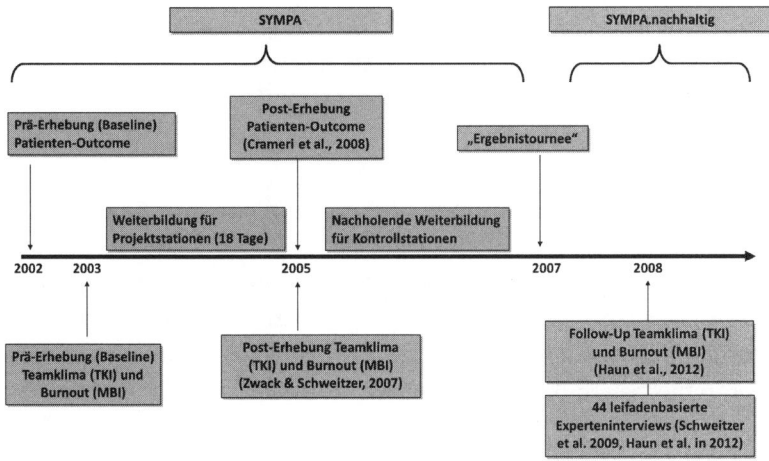

Abb. 1 – SYMPA-Projekt und die anschließende SYMPA.nachhaltig-Phase im zeitlichen Verlauf

1.2.2 Beteiligte Institutionen

Zu den am SYMPA-Projekt beteiligten Kliniken zählten jeweils zwei Stationen aus der Abteilung Psychiatrie II. Lebenshälfte des Kreiskrankenhauses Gummersbach bei Köln, aus der Allgemeinpsychiatrischen Klinik des Klinikums Region Hannover Wunstorf sowie aus der Allgemeinpsychiatrischen Klinik der LWL-Klinik

Paderborn. Der begleitende Forschungsprozess wurde von der Sektion Medizinische Organisationspsychologie im Institut für Medizinische Psychologie am Universitätsklinikum Heidelberg sowie von Prof. Dr. Elisabeth Nicolai an der Evangelischen Fachhochschule Reutlingen-Ludwigsburg und Prof. Dr. Hugo Grünwald im Departement Angewandte Psychologie der Zürcher Hochschule für Angewandte Wissenschaften durchgeführt. Die Weiterbildung der Projektstationen wurde in Anlehnung in die Richtlinien der systemischen Dachverbände für die therapeutische Ausbildung entwickelt und von Prof. Dr. Jochen Schweitzer (Heidelberg) sowie Prof. Dr. Liz Nicolai (Ludwigsburg) unter Mitwirkung von Dr. Ulrike Borst vom Ausbildungsinstitut für Systemische Therapie und Beratung in Meilen (Schweiz) durchgeführt. Die finanzielle Förderung erfolgte durch die Heidehofstiftung Stuttgart, die Systemische Gesellschaft (SG) und die Deutsche Gesellschaft für Systemische Therapie, Beratung und Familientherapie (DGSF).

1.2.3 SYMPA-Weiterbildung und die Implementierung auf den Stationen

Um das Ziel der systemtherapeutischen Routinebehandlung auf den Projektstationen zu verwirklichen, war es notwendig, die betreffenden Mitarbeiter unterschiedlichster Professionen und Hierarchieebenen klinikübergreifend angemessen in systemischer Psychotherapie zu qualifizieren (Schweitzer et al., 2007a). Dazu wurden die kompletten Stationsteams (100 Mitarbeiter) über eineinhalb Jahre von September 2003 bis März 2005 gemeinsam in systemischem Denken und Methoden trainiert (1. Weiterbildung, siehe Abb. 1, Kapitel 1.2.1). Der Großteil (70%) der Weiterbildungsteilnehmer kam aus der Pflege; die zweitgrößte Gruppe stellten die Ärzte mit 20% dar. Der Rest bestand aus Psychologen bzw. psychologischen Psychotherapeuten, Ergotherapeuten und Sozialarbeitern. Da es logistisch nicht möglich war, alle Mitglieder eines Teams zeitgleich weiterzubilden, wurden zwei „Trainingsschichten" von jeweils 50 Mitarbeitern gebildet, die hinsichtlich der Berufs-, Stations- und Klinikzugehörigkeit heterogen gestaltet wurden. Diese „Trainingsschichten" wurden wiederum in zwei Gruppen à 25 Mitarbeiter unterteilt. Weiterbildungsort war abwechselnd einer der drei Klinikstandorte Gummersbach, Paderborn oder Wunstorf. Insgesamt umfasste die Weiterbildung für jeden Teilnehmer 6 Blöcke mit je 3 Tagen, also zusammen 18 Tage. Dies entspricht hinsichtlich des Umfangs (150 Std.) dem einjährigen Grundkurs der dreijährigen Ausbildung „Systemische Therapie und Beratung" nach den Richtlinien der systemtherapeutischen Fachverbände (vgl. Abb. 2, Kapitel 1.2.3). Interessierte konnten die Weiterbildung bis zum Erwerb der umfangreicheren Zertifikate „Systemische Therapie und Beratung" (für Akademiker) bzw. „Systemische Beratung" (für Pflegeberufe) fortsetzen. Inhaltlich wurden zu 70% dieselben Theorien, Techniken, Settings und selbsterfahrungsbezogenen Übungen wie in den gemischten Weiterbildungsgruppen am Heidelberger Helm Stierlin Institut vermittelt[8]. 30% der Weiterbildungsinhalte fokussierten speziell den akutpsychiatrischen Kontext (systemisches Verhandeln und Therapie von Psychosen):

---

[8] http://www.hsi-heidelberg.com/weiterbildung [Stand: 21.01.2014, 15:43]

Block I: • Systemische Grundhaltungen • Krankheitskonzepte und ihre Folgen • Genogramminterview • Narrative Ansätze	Block II: • Systemische Gesprächsführung • Verhandeln • Auftragsklärung • Therapiezielplanung
Block III: • Lösungs- und Ressourcenorientierung • Reflecting Team • Positive Formulierungen in der Krankenakte • Verhandeln über Medikamente	Block IV: • Anfangs- und Schlussgespräche • Chronifizierungsmöglichkeiten • Intervision, Skulptur • Arztbriefe • Behandlungsvertrag
Block V und VI zur Vertiefung: Sukzessive Wiederholung aller Fragetechniken. Supervision von Fällen aus dem Stationsalltag. Übung von Intervision an Fallbeispielen. Sonderthemen: Tabus in der systemischen Therapie, Gewalt im Problemsystem	

Abb. 2 – Inhalte der sechs Weiterbildungsblöcke im Rahmen von SYMPA
(Schweitzer et al., 2006)

Wie erfolgte nun die Übernahme der in der Weiterbildung vermittelten Methoden in den Stationsalltag? Hierzu wurden im Anschluss an jeden Weiterbildungsblock „Hausaufgaben" an die Teilnehmer vergeben. So wurde nach dem ersten Block die Durchführung eines Genogramminterviews, nach dem zweiten Block eine systemische Auftragsklärung usw. in der Klinik erprobt und nach erneuter Besprechung im darauffolgenden Block direkt in die Routinepraxis implementiert. Schon im Verlauf der Weiterbildung konnten damit und durch die Anwesenheit kompletter Stationsteams alle vermittelten Interventionen hinsichtlich ihrer praktischen und zeitökonomischen Umsetzbarkeit beurteilt werden (z. B. Sind gut strukturierte systemische Fallbesprechungen in den Wochenplan integrierbar?). Dazu gab es am

Ende eines jeden Blocks eine gemeinsame Besprechung mit den Schwerpunkten Machbarkeit und Zuständigkeiten. Aufgrund der Tatsache, dass im stationär-psychiatrischen Kontext die Arbeit per Schichtdienst organisiert ist, wurde dabei die Bedeutung von Absprachen bezüglich der Verantwortlichkeiten und Dokumentation betont. Im Anschluss an den vierten Weiterbildungsblock wurde mit Repräsentanten aller Projektstationen ein 16-seitiges SYMPA-Handbuch[9] entwickelt. Es beschreibt die Kerninterventionen des systemisch-familien-therapeutischen Rahmenkonzeptes und definiert, welche neuen Interventionen künftig mit allen Patienten praktiziert werden sollen (SYMPA-Grundprogramm) und welche nur bei speziellen Indikationen Anwendung finden (SYMPA-Plusprogramm). Um die Lernprozesse zunehmend in die Kliniken zu verlagern, wurden 16 fortgeschrittene Stationsmitarbeiter (Pflegekräfte und ärztlich-therapeutische Mitarbeiter) in die Rolle der Co-Trainer eingearbeitet, welche Life-Interviews und Supervisionen von Kleingruppen während der Weiterbildungsbausteine übernahmen. Mit Ende des eigentlichen Kernprojekts im Dezember 2005 entschieden sich die Kliniken, eine eigenständig finanzierte, 9-tägige Anschlussweiterbildung (2. Weiterbildung, siehe Abb. 1, Kapitel 1.2.1) wahrzunehmen, um eine nachhaltige Implementierung der erlernten system-therapeutischen Methoden und die adäquate Einarbeitung neu hinzukommender Mitarbeiter zu gewährleisten. Hierzu fanden im Dezember 2005 (2 Tage), März 2006 (2 Tage) und September 2006 (3 Tage) sowie im November 2006 (2 Tage) Weiterbildungen in den verschiedenen Kliniken statt. Mit Beginn des Jahres 2007 fand auf Grundlage eines beim letzten Weiterbildungstermin erreichten Thesenpapiers ein Evaluationsbesuch der drei beteiligten Kliniken („Ergebnistournee" in Abb. 1, Kapitel 1.2.1) mit dem Ziel statt, ein Konzept für die Nachhaltigkeitsphase im Anschluss an das SYMPA-Kernprojekt zu finden. Dabei fiel die Entscheidung für SYMPA.nachhaltig: In drei Kurzweiterbildungen über jeweils zwei Tage (Dezember 2007, Juni

---

[9] http://www.klinikum.uni-heidelberg.de/fileadmin/Psychosomatische_Klinik/SYMPA/SYMPA__Handbuch_homepage.pdf [Stand 21.01.2014, 15:47]

2008 und März 2009) wurde fünf Jahre nach Beginn des Projektes beabsichtigt, einen kontinuierlichen Abgleich der Erfahrungen der Mitarbeiter im stationären Alltag mit weiteren externen didaktischen Impulsen zur Anwendung systemtherapeutischer Methoden zu verbinden (SYMPA.nachhaltig, siehe Abb. 1, Kapitel 1.2.1).

1.3 ZIELE UND FRAGESTELLUNGEN DER VORLIEGENDEN STUDIE

Im Kontext allgemein knapper werdender sozioökonomischer Ressourcen sehen sich auch immer mehr psychiatrische Kliniken diskrepanten Ansprüchen in Bezug auf ihre therapeutische Praxis und Organisationskultur ausgesetzt. Zum einen impliziert ein biopsychosoziales Konzept einen breitgefächerten und methodisch hochspezialisierten Zugang zum Patienten, etwa in Form einer verantwortungsvollen und differenzierten Anwendung medizinischen Wissens und zugleich bedürfnisorientierter psychotherapeutischer Betreuung (Engel, 1977). Zum anderen bedingen die Tendenz zur betriebswirtschaftlichen Verselbstständigung in privatwirtschaftliche Unternehmensformen und die Verlagerung des Kostenrisikos auf den Leistungserbringer angesichts kommender neuer Entgeltformen (Diagnosis-Related Groups) in hohem Maße organisationale Umstrukturierungsprozesse gerade in stationären psychiatrischen Versorgungseinrichtungen mit Aufnahmepflicht (Helmchen, 2004; Kruckenberg et al., 2001). In Betrachtung dieses Spannungsfeldes stellt sich die Frage, inwieweit Systemische Therapie im stationären Kontext als kurzes und dienstleistungsorientiertes Verfahren eine geeignete Möglichkeit darstellt, primär Konsumentenzufriedenheit zu erzeugen und somit sekundär auch eine Reduktion von Kosten im Gesundheitssystem zu erzielen. In der folgenden Evaluationsstudie soll dementsprechend in einem ersten Schritt ein Bild davon gewonnen werden, mit welcher Praktikabilität und Intensität eine um systemtherapeutische Elemente erweiterte Behandlungsroutine in den Kliniken *nachhaltig* implementiert werden konnte.

In einem ersten Schritt wird daher *aus der klinisch-anwendungsbezogenen Forschungsperspektive* evaluiert:

1. die absolute *Anwendungshäufigkeit* der einzelnen eingeführten systemischen Methoden auf den Projektstationen

2. die *Entwicklung der Anwendung* der einzelnen eingeführten systemischen Methoden im zeitlichen Verlauf des Projekts

3. die *Bedingungen und Gestaltung* in der praktischen Umsetzung der einzelnen eingeführten systemischen Methoden auf den Projektstationen

In einem zweiten Schritt wird aus der *Forschungsperspektive der Organisationsentwicklung* geprüft, welche erlebens- und kommunikationsbezogenen Effekte auf der Mitarbeiter- bzw. Organisationsebene angesichts steigendem Dokumentationsaufwand, kürzeren Verweildauern und höherem Patientendurchlauf festzustellen sind. Frühe Erfahrungen mit psychotherapeutisch tätigen Pflegekräften im angloamerikanischen Raum zeigen, dass eine interdisziplinäre Psychotherapiepraxis auch zu einer Entlastung des oft stark beanspruchten ärztlich-therapeutischen Personals führen kann (Leff et al., 2001). Im deutschsprachigen Raum konnten Zwack & Schweitzer (2008) zeigen, dass systemtherapeutisches Vorgehen in der stationären Akutpsychiatrie zu signifikant erhöhter Selbstwirksamkeit und vermindertem Burnout-Erleben bei den Mitarbeitern führt. Diese Effekte konnten zuletzt im 4-Jahres-Follow-up bestätigt werden (Maurer, 2009; Haun et al., 2012). Die vorliegende Studie untersucht darüber hinausgehend – anhand von Beschreibungen der Mitarbeiter – mögliche Synergieeffekte in den folgenden organisationalen Bereichen:

1. *Veränderungen in der Organisationskultur* im Sinne einer kooperativeren und ressourcenorientierteren Haltung im Umgang mit Patienten *und* Mitarbeitern

2. *Innerklinische Verbreitungseffekte der eingeführten systemischen Behandlungspraxis* über die Projektstationen hinaus

3. *Außendarstellung der systemtherapeutisch erweiterten Behandlungspraxis* durch die Klinik (Klinikleitbild, Öffentlichkeitsarbeit, Vermarktung oder Qualitätsmanagement)

4. Veränderungen in der *Kooperation mit den für die Klinik in der Versorgungsplanung relevanten Umwelten* (weiterführende Einrichtungen, Berufsbetreuer usw.)

Vor dem Hintergrund eines synergetischen Verständnisses psychischer Störungen und der systemischen Organisationstheorie postuliert die vorliegende Studie die Praktikabilität einer systemtherapeutisch erweiterten Behandlungsroutine auf allgemeinpsychiatrischen Stationen auch unter den aktuell gegebenen sozioökonomischen Rahmenbedingungen. Diese allgemeine These wird unter Ausarbeitung spezifischer Fragestellungen, die zusätzlich organisationale Veränderungen und den Einbezug relevanter Systemumwelten berücksichtigen, in einem triangulierten Forschungsdesign getestet. Strukturelle Hindernisse für systemische Therapie in diesem Setting sollen im Hinblick auf die Entwicklung von Voraussageparametern zur Passgenauigkeit ähnlicher zukünftiger Behandlungskonzepte explizit diskutiert werden.

> *"The regulation of gene expression by social factors makes all bodily functions, including all functions of the brain, susceptible to social influences. These social influences will be biologically incorporated in the altered expressions of specific genes in specific nerve cells of specific regions of the brain."*
>
> *[Eric R. Kandel (1998)]*

2. Theorie

2.1 Psychisches Erleben als Ordnungszustände in nichtlinearen, dynamischen Systemen

Systemische Therapie versteht sich vor dem theoretischen Hintergrund von konstruktivistischer Epistemologie in Verbindung mit der Idee der *Selbstorganisation* menschlichen Lebens auf biologischer, psychischer und sozialer Ebene als ein Weg psychotherapeutischer Praxis. Bei einem System handelt es sich um

> „einen ganzheitlichen Zusammenhang von Teilen, deren Beziehungen untereinander intensiver und qualitativ produktiver sind als ihre Beziehungen zu anderen Elementen. Diese Unterschiedlichkeit der Beziehungen konstituiert eine Systemgrenze, die System und Umwelt des Systems trennt [...] Die Besonderheit der Klasse der psychischen und sozialen Systeme liegt darin, dass ihre Grenzen nicht physikalisch-räumlich bestimmt sind, sondern symbolisch-sinnhaft" (Willke, 1996).

Systeme haben keinen ontischen Charakter, sondern stellen kognitive Leistungen aus der gewählten Perspektive des erkennenden oder erklärenden Beobachters dar.

Die synergetische Theorie zur Selbstorganisation in psychischen und sozialen Systemen geht von einem dynamischen und nichtlinearen Charakter aus (Haken und Schiepek, 2010; Strunk und Schiepek, 2006). Die damit verbundenen Prozesse unterliegen nicht der starken Kausalität, wie sie die Experimentallogik im Rahmen von Reproduktion ähnlicher Wirkungen aus ähnlichen Ursachen annimmt. Vielmehr bildet sich auch in psychischen Systemen deterministisches Chaos ab: Ähnliche Ursachen führen hier zu divergenten Effekten. Es ist vorhersehbar, dass Ordnung entsteht, jedoch nicht wie sie aussieht. Die entscheidenden Charakteristika dynamischer selbstorganisierter Systeme können im Rahmen psychischer Prozesse beobachtet werden:

1. Psychische Systeme sind *nichtlinear* organisiert, d.h. es fehlt eine direkte Proportionalität zwischen Input und Output (z.B. geringe psychotherapeutische Interventionen verursachen große Effekte und umgekehrt).

2. Psychische Systeme sind *iterativ* organisiert, d.h. der Input wird zum Output und umgekehrt (z.B. bei der Bildung von Kognitionen auf Basis von Langzeitpotenzierung von Neuronen).

3. In psychischen Systemen herrscht eine durch gleichzeitige Aktivierung und Hemmung gekennzeichnete *dynamische Fluktuation* vor (z.B. Autoinhibition an der Präsynapse von Neuronen).

Selbstorganisation innerhalb psychischer Systeme meint die „spontane Entstehung von Ordnung in kreiskausalen, also auf sich selbst zurückwirkenden Prozessen" (Haken und Schiepek, 2010). Die kontinuierliche Bildung von *Ordnung* und stetiger Ordnungswandel im Rahmen des Generierens von Bewusstsein ermöglicht es psychischen Systemen, ihre interne Effektivität zu steigern. Psychische Systeme gewährleisten durch Ordnungserzeugung auf der einen Seite innere Kohärenz durch kontinuierliche operational geschlossene Autopoiesis[10], d. h. ihre konstituierenden Elemente werden eigenständig produziert und selbstbezogen reproduziert (Luisi, 2003; Varela et al., 1974). Auf der

---

[10] Bei Autopoiese handelt es sich um einen aus den griechischen Wörtern für „Selbst" und „herstellen" zusammengesetzten Begriff.

anderen Seite wird durch Abwandlung von Ordnung die nötige Flexibilität hergestellt, auf sich verändernde Umweltbedingungen reagieren zu können. Die Bildung von Ordnung als

> „Zergliederung und Reduktion eines einmaligen Prozesses in regelhaft wiederkehrende Klassen (sortiert nach Begriffen), strukturiert also Chaos, reduziert Unsicherheit, ermöglicht Prognosen und Verläßlichkeit – begrenzt aber auch die Erfahrbarkeit der Einmaligkeit prozeßhaften Lebens" (Kriz, 1999).

Ordnungszustände selbst bestehen aus zeitlich stabilen, unterschiedlich komplexen Mustern, sogenannte *Attraktoren*, welche *„versklavend"* auf Erleben und Verhalten des jeweiligen Individuums wirken (Haken, 1991). Attraktoren sind das Ergebnis spezifischer Anregungsbedingungen, sog. Kontrollparameter, bestehend aus sensorischem Input und vorhandenen Systembedingungen (Vorerfahrungen, Bedürfnisse, Erwartungen und v. a. Emotionen) (Schiepek, 2009). Kontrollparameter wirken auch an der morphologischen Generierung von Attraktoren in Form von neuronalen Netzwerken mit. Beispielhaft sei hier die mit affektivem Hyperarousal verbundene erhöhte Amygdala-Aktivität bei Patienten mit emotional-instabiler Persönlichkeitsstörung angeführt (Herpertz et al., 2001; Schnell und Herpertz, 2007). Attraktoren als jederzeit reaktivierbare

> „vorgebahnte Muster hochkomplexer und synchronisierter neuronaler Aktivität [...] können als die Grundlage von semantischen Zusammenhängen oder Gestaltbildungen im Bewusstsein betrachtet werden" (Fuchs, 2005).

Als Matrix der Attraktorentstehung fungiert nach Damasio (2001) ein kontinuierlich erlebtes autobiographisches Selbst, dass den Einzelnen als Erkennenden der beobachteten Objekte bzw. Gedanken vermittelt und auf wahrgenommen Veränderungen im Organismus basiert. Letztere werden durch ein leibliches, vorsprachlich angelegtes Hintergrundempfinden, das „Kernbewußtsein", prozessiert. Innerhalb dieser homöodynamischen Stabilität ablaufende Ordnungsprozesse sind somit basal an biochemische Voraussetzungen in Form synaptischer Verschaltungen geknüpft, die etwa mittels Gamma-Aktivität (40 Hz) als Ausdruck lokaler neuronaler Synchronisation im EEG beobachtbar werden. So konnten etwa Kruse & Stadler (1995) zeigen, dass sich unter Stimulation zentralnervöser dopaminerger Synapsen die Kippfrequenz ambiger Bilder erhöht. Für verschiedene psychische Störungsbilder konnten einige grundlegende Studien in den letzten Jahren die Bedeutung neurobiologischer Prozesse bei der Entstehung von damit verbundenen Ordnungszuständen wie z.B. bei depressiven Störungen auf molekularer Ebene nachweisen (Caspi et al., 2003; Holsboer, 2000). Weiterhin wird für die Interaktion von Geist und Umwelt im Rahmen sozialer Kommunikation mittlerweile auch aus Perspektive der Social Cognitive Neuroscience hypostasiert, dass Ordnungsentstehung in hohem Maß evolutionär, familiär und kulturell tradiert wird (Ochsner und Lieberman, 2001). Entstandene Ordnung ist daher aufgrund der damit verbundenen organischen, physiologischen, sozialen und sprachlichen Strukturen schwerer zu beobachten als Ordnungsübergänge, die durch „Kaskaden pulsierender Komplexitätssteigerung und Komplexitätsreduktion" charakterisiert sind (Haken und Schiepek, 2010). Innerhalb von Ordnungsübergängen selektieren menschliche Systeme besonders verdichtet Information aus den relevanten Umweltkontexten und leisten die Integration dieser Information in Entscheidungsprozesse, um *Kontingenz* („alles könnte auch anders sein") zu vermindern und gleichzeitig Handlungsfähigkeit zu ermöglichen.

Gefühlen kommt bei der Selbstorganisation psychischer Systeme eine besonders bedeutsame Rolle zu. In der Evolution früh entstandene einfache dichotome Bewertungsdimensionen (z. B. gut-böse, stark-schwach) gegenüber der Umwelt dienen der Schaffung von ersten psychischen Ordnungsprinzipien und damit dem Überleben des Menschen. Dabei weisen mit überlebenswichtigen Funktionen verbundene emotionale Zustände einen stark synchronisierenden Charakter auf, der sich in einem höheren Arousal niederschlägt. Das weitere Spektrum des Gefühlserlebens kommt im Laufe der Sozialisation durch kognitive und sprachliche Deutung zustande und ist „entscheidend für die Aufmerksamkeitsfokussierung und Motivation allen Handelns und für Zugänge zu bestimmten Gedächtnisinhalten" (Ruf, 2005). Besonders bei der Betrachtung von psychischen Krisen zeigt sich, wie stark die entwickelten Attraktoren und deren Wandel (etwa unter Psychotherapie) durch die Verbindung kognitiver Leistungen und Emotionen geprägt sind (Ciompi, 1994, 2003). Haken & Schiepek (2010) schlagen daher den Begriff des *Kognitions-Emotions-Verhaltens-Musters (KEV-Muster)* vor, welche sich aus bevorzugt realisierten Ordnungszuständen im Leben eines Menschen ergeben und so schließlich charakteristisch für dessen Persönlichkeit werden. Systemische Therapie, welche psychische Störungen

> „nicht als in einem Systemmitglied (dem Patienten) lokalisierte Phänomene [...], sondern als interaktionell (zwischen Patient, Familie, Behandlern) erzeugte Gemeinschaftsleistungen"
> (Schweitzer und Zwack, 2009)

konzeptualisiert, berücksichtigt zur Veränderung der langfristig wirksamen KEV-Muster des patientenbezogenen Problemsystems zunächst seine typischen kommunikativen Attraktoren.

2.2 KOMMUNIKATIVE ATTRAKTOREN IM RAHMEN PSYCHISCHER STÖRUNGEN: COMMUNICATION DEVIANCE (CD) UND EXPRESSED EMOTION (EE)

Kommunikation dient als „Maßstab, mit dem zwei Menschen gegenseitig den Grad ihres Selbstwertes messen, und sie ist auch das Werkzeug, mit dem dieser Grad für beide genährt werden kann" (Satir, 1975). Die besondere Bedeutung der Kommunikation innerhalb einer Familie bzw. eines patientenbezogenen Problemsystems liegt in der sich hier abbildenden Intimität und Körperlichkeit sowie der gemeinsam geteilten Geschichte und den damit verbundenen gemeinsamen Sinndeutungen. Für Simon (1990) erhält die Familie ihre

„soziale und biologische Wichtigkeit aus ihrer einzigartigen Funktion für die Entwicklung des einzelnen Menschen, seines Denkens, Fühlens und Handelns. In der strukturellen Kopplung mit den anderen Familienmitgliedern, die über lange Jahre die emotional wichtigsten Menschen für das Kind sind, die meiste Zeit mit ihm verbringen und lebenswichtige Entscheidungen für es treffen, vollzieht der einzelne die Unterscheidungen, die seine Weltsicht charakterisieren. Die Familie ist der Ort, an dem er seine (Mutter)Sprache erlernt und Symbolen Bedeutung verleiht."

Die zugrunde liegende Annahme empirischer Erforschung kommunikativer Attraktoren im Rahmen psychischer Störungen lautet, dass Maße für kontinuierliche innerfamiliäre Vorgänge gefunden werden, welche Stressoren für betroffene Indexpatienten widerspiegeln und entsprechend mit auftretenden Störungsbildern assoziiert sind. Operationalisiert wird dabei ausschließlich ein spezifischer Kommunikationsstil als familiär vermittelter Prädispositionsfaktor und nicht eine psychische Störung sui generis. Demzufolge stellt die Formulierung von kommunikativen Attraktoren keine Identifikation von Ursachen psychischer Störungen, sondern in ihrem Zusammenhang situativ beobachtbare Wenn-dann-Verknüpfungen im Sinne von familiären Spielregeln oder Interaktionsmustern dar.

„[Sie] gewinnen umso mehr Bedeutung für die individuelle Entwicklung, je stärker stärke die familiäre Außengrenze gegenüber der übrigen sozialen Umwelt geschlossen ist" (Simon, 1990).

Kommunikative Attraktoren der Umwelt können

„lediglich die Operationen des Systems begrenzen, d.h. bestimmen, welche Erlebnismuster einerseits oder welche Erzählmuster andererseits nicht realisiert werden können, jedoch niemals positiv, welche tatsächlich realisiert werden. Das Sprechen kann lediglich stören, jedoch kein Erleben determinieren (d.h. kausal bestimmen)" (Retzer, 2008).

Die folgende kurze Darstellung gibt Aufschluss über zwei empirisch gut belegte Konzepte zu kommunikativen Attraktoren innerhalb von patientenbezogenen Problemsystemen im Kontext von Psychiatrie. An ihnen soll ausschnitthaft gezeigt werden, an welche Prozesse ein system- und familientherapeutischer Ansatz angreift.

Die ersten Kriterien zur Operationalisierung von charakteristischen Attraktoren der Kommunikation stammen von Wynne & Singer (1963a, b). Die hypostasierte *Communication Deviance (CD)* beschreibt die Fähigkeit von patientenbezogenen Problemsystemen, in denen Schizophreniespektrumstörungen auftraten, unklar zu kommunizieren. Der Kommunikationsprozess wird durch ständige Veränderung des Aufmerksamkeitsfokus gestört: Mitteilungen sind zweideutig oder logisch unsinnig, in ihrem Bezug unklar, werden entwertet oder widersprechen sich selbst. Die schizophrenen Denk- bzw. Kommunikationsstile bewegen sich dabei an den Rändern eines Kontinuums, „dessen Endpunkte amorphes und eingeengtes Denken sind" (Simon, 1990). Etablierte Instrumentarien zur psychopathologischen Befundung berücksichtigen die tatsächliche symptomatische Ausprägung dieser beiden Extrempole der Bedeutungszuweisung (Fähndrich und Stieglitz, 2007). Beispielhaft seien hier das Vorhandensein von konkretistischem Denken für Über-Inklusion oder Gedankenausbreitung für Über-Exklusion genannt. Auf unklare Kommunikationsstile wird immer dann zurückgegriffen,

> „wenn die Gefahr droht, daß eine Sicht der Wirklichkeit zur objektiven Wahrheit erklärt wird, die nicht von allen geteilt und für den einen oder anderen bedrohlich ist. Kommunikationsabweichungen sind eine Möglichkeit, den Konsens zu verhindern. Wo er Voraussetzung einer Entscheidung über die Wirklichkeit ist, hat jeder ein Vetorecht. Und wo so kommuniziert wird, erweicht Realität" (Simon, 1990).

Für Familien, in denen Schizophreniespektrumstörungen auftraten, erfassten Wynne & Singer über den Thematic Apperception Test (TAT) die Communication Deviance (CD) (Miklowitz und Stackman, 1992; Nuechterlein et al., 1989). Der TAT wertet über ein System von 27 Kategorien die in Transkripten vorliegenden Interpretationen aus, welche der Proband zum Geschehen auf sieben ihm vorgelegten Karten herstellt (Jones, 1977). In einer neueren Studie konnten Subotnik et al. (2002) zeigen, dass Individuen, die selbst nicht die Kriterien für eine Schizophreniespektrumstörung aufweisen, deren (biologische) Eltern oder Geschwister *und* deren Nachkommen aber an einer entsprechenden Störung leiden, eine überdurchschnittlich hohe Rate an CD aufweisen. Damit in Übereinstimmung ist zu vermuten, dass die erhöhte CD in dieser Generation ein subklinischer Hinweis auf eine vorhandene genetische Prädisposition darstellt. Zusätzlich in dieser Generation vorhandene neurokognitive Defizite würde diese These stützen, konnten bisher jedoch nicht nachgewiesen werden (Doherty und Gordinier, 1999). In Adoptionsstudien zeigte sich jedoch, dass elterliche CD wenigstens einen modulierenden Beitrag zur Manifestation von Schizophreniespektrumstörungen bei bestehender genetischer Vulnerabilität leistet. Sogenannte high-risk Nachkommen, von denen mindestens ein biologischer Elternteil unter Schizophreniespektrumstörung litt, entwickelten mit höherer Wahrscheinlichkeit eine Denkstörung, wenn sie bei Adoptiveltern mit hoher CD aufwuchsen (Siira et al., 2007; Wahlberg et al., 1997). Bei Nachkommen mit negativer Familienanamnese hinsichtlich dieses Störungsbildes war, unabhängig von den adoptivelterlichen CD-Raten, die Wahrscheinlichkeit eine Denkstörung zu entwickeln niedriger. An dieser Stelle sollte besonders betont werden, dass die Wahrscheinlichkeit für high-risk Nachkommen eine Schizophreniespektrumstörung tatsächlich zu entwickeln bei Aufwachsen in einem nicht von CD geprägten Familienumfeld auf das Niveau der low-risk Nachkommen sank (Tienari et al., 2004). Jedoch gibt es auch Anzeichen dafür, dass CD umgekehrten Wirkungen unterliegt, also das direkte Erleben eines Nachkommens mit Schizophreniespektrumstörung die CD der Eltern negativ beeinflusst (Liem, 1974). Besonders bei einem von immanenter (prä)pathologischer Dysfunktionalität geprägten Konzept, wie der CD, sollte in jedem Fall hohe Sensibilität für dessen Konstruktcharakter im Rahmen der Theoriebildung des Beobachters (Kybernetik 2. Ordnung) bestehen. Dennoch unterstreichen empirischen Befunde die Bedeutung eines auch präventiv wirkenden system- und familientherapeutischen Ansatzes, der auf die Veränderung systeminterner Kommunikation hinwirkt und zusätzlich ihren nichtlinearen Rückkopplungscharakter berücksichtigt.

Als ein weiteres sehr verbreitetes Maß erfasst *Expressed Emotion (EE)* die qualitativen Eigenschaften enger sozialer Kommunikation für den Verlauf psychischer Störungen (Brown et al., 1972; Hooley, 2007). Gemessen werden im Rahmen des semistrukturierten Camberwell Family Interview (CFI) das Ausmaß an Kritik (z. B. „Es stört mich, wenn er rumsitzt und raucht."), Feindlichkeit (z. B. „Er ist sehr faul – er macht nichts, außer man bringt ihn dazu.") oder überprotektiver Haltung (z. B. „Ich kann das Haus nicht verlassen, ohne mich um ihn zu sorgen. Was ist, wenn er mich braucht, während ich arbeiten bin?"), welches ein Familienmitglied/Angehöriger gegenüber dem Betroffenen zum Ausdruck bringt. Die Ausprägung von EE gilt mittlerweile z.B. bei Schizophreniespektrumstörungen als präzisester Prädiktor für den Krankheitsverlauf im Vergleich mit allen anderen Patientenvariablen und „entscheidet darüber, ob der Patient innerhalb eines Jahres nach stationärer Therapie einen Rückfall erleidet oder nicht" (Möller-Leimkühler, 2008). Die Effektstärken der Assoziation zwischen Rückfall und hohen EE in einem patientenbezogenen Problemsystem betrug in einer Metaanalyse von Butzlaff & Hooley (1998) für Schizophreniespektrumstörungen $d=.31$ und für Depression $d=.39$. Prädiktiven Charakter haben EE – bei wenig robuster Datenlage – auch für Essstörungen und Suchterkrankungen, während bei der emotional instabilen Persönlichkeitsstörung vom Borderline-Typus (BPD) eine überprotektive Haltung im Rahmen von hohen EE mit einer besseren Prognose verbunden waren. Möglicherweise wird diese Art der Kommunikation von Patienten mit BPD angesichts der sie stark prägenden Verlustangst eher als ein Zeichen von Fürsorge und Unterstützung gedeutet (Hooley und Gotlib, 2000). EE entstehen aus der Interaktion zwischen Patient und Angehörigen, wobei sich das Ausmaß der Verhaltensauffälligkeiten von Patienten in hohen EE-Familien nicht von dem in niedrigen EE-Familien unterscheidet. Daher wird vermutet, dass Angehörigen mit hohen EE tendenziell eher die Verantwortung dem Patienten zuschreiben und zugleich ein höheres Kontrollbedürfnis verfolgen. Greenley (1986) schlug in diesem Zusammenhang vor, hohe EE als eine Form der sozialen Kontrolle zu betrachten. Vor dem Hintergrund des z. B. für die Schizophreniespektrumstörungen von Walker & Diforio (1997) vorgeschlagenen Diathese-Stress-Modells und fundiert durch psychophysiologische Daten können hohe EE als Hypothalamus-Hypophysen-Nebennierenrinden-Achse-aktivierende und damit Rückfalle begünstigende Stressoren verstanden werden (Kirschbaum et al., 1995; Nuechterlein et al., 1992; Tarrier und Turpin, 1992). In einer ersten fMRI-Studie zu morphologischen Korrelaten im Zusammenhang mit EE wurden depressive Patienten Kritik ihrer eigenen Mütter ausgesetzt. Es fand sich eine Minderaktivität gegenüber Kontrollprobanden im dorsolateralen präfrontalen Cortex (DLPFC), welche allgemein mit kognitiver und emotionaler Verarbeitung assoziiert ist (Hooley et al., 2005). Möglicherweise stellt diese Beobachtung ein erstes Korrelat der Verarbeitung von EE auf neurobiologischer Ebene dar.

Um der Bedeutung der genannten kommunikativen Attraktoren in der Genese und Aufrechterhaltung psychischer Störungen im klinischen Kontext gerecht zu werden, müssen interaktionelle Prozesse den Hauptfokus in der diagnostischen und therapeutischen Herangehensweise bilden. Daraus wächst die Notwendigkeit eines therapeutischen Ansatzes, der auf eine qualitative Verbesserung der Kommunikationen innerhalb möglichst weiter Teile des patientenbezogenen Problemsystems abzielt. Dabei werden einseitige Verantwortungs- oder gar Schuldzuschreibungen innerhalb des Systems vermieden und EE als eine für das gesamte Problemsystem spezifische, zirkulär organisierte Vulnerabilität verstanden:

> „Consistent with systemic views, high-EE families have a vulnerability to dysfunction for which the illness serves as a stressor. In turn, the patient has biological and psychological vulnerabilities that are elicited by aversive family interactions. These family interactions are almost certainly stressful for relatives who wish to assist in the patient's recovery. They also appear to be physiologically compromising for patients" (Miklowitz, 2004).

Aus systemischer Sicht wurden dazu in den letzten Jahren weiterhin geeignete Behandlungsmodelle (z. B. für Schizophreniespektrumstörungen und BPD) entwickelt (Bertrando et al., 2006; Hoffman et al., 2005; Miklowitz und Tompson, 2003), so dass im Folgenden deren klinische Grundlagen und Anwendung kursorisch umrissen werden sollen.

2.3 DIE KLINISCHE-ANWENDUNGSBEZOGENE PERSPEKTIVE: GRUNDLAGEN SYSTEMISCHER PSYCHOTHERAPIE IN DER PSYCHIATRIE

2.3.1 Klinische Epistemologie und Krankheits- bzw. Störungsverständnis

Systemische Therapie stellt ein psychotherapeutisches Verfahren dar,

> „that conceives behavior and especially mental symptoms within the context of the social systems people live in, focusing on interpersonal relations and interactions, social constructions of realities, and the recursive causality between symptoms and interactions. Partners/family members and other important persons (e.g., friends, professional helpers) are included directly or virtually in the therapy through systems oriented questions about their behavior and perceptions" (Sydow et al., 2010).

Als psychologisch orientierte Methode (Grawe, 1998) beinhaltet Systemische Therapie dabei

> „Grundhaltungen, Formen der Beziehungsgestaltung, praktische Methoden und Möglichkeiten der Gestaltung des therapeutischen Settings sowie des Behandlungsumfelds, um leiderzeugende, vom Patienten oder von relevanten Bezugspersonen als veränderungsbedürftig bezeichnete, meist stabilisierte Muster des Erlebens, Verhaltens und der Beziehungsgestaltung zu verändern oder aufzulösen und die Entstehung anderer, erwünschter Muster zu ermöglichen und zu fördern" (Schiepek, 1999).

Die damit verbundenen therapeutischen Interventionen dienen der Linderung durch stabilisierte Muster erzeugter seelischer Leidenszustände wie sie nosologisch in den diagnostischen Klassifkationssystemen ICD-10 und DSM-IV bzw. kommenden DSM-V zusammengefasst sind. Im Besonderen zeichnet sich Systemische Therapie dadurch aus, dass seelische Leidenszustände des Patienten stets im Zusammenhang mit dem ihn umgebenden Bezugssystem (zumeist die Familie) betrachtet werden:

> „The conceptual leap is to see family as one of these risk factors – not an epiphenomena to disorder, but influencing its onset through permissive or protective means" (Josephson, 2008).

Im therapeutischen Vorgehen wird folglich die interpsychische Komponente gegenüber der intrapsychischen Komponente stärker fokussiert (Schlippe und Schweitzer, 2003).

Aufbauend auf die von Bertalanffy (1968) erstmals formulierte Allgemeine Systemtheorie wird menschliches Leben im biopsychosozialen Paradigma der Medizin und Psychiatrie – wie in Abb. 3, Kapitel 2.3.1 gezeigt - durch drei Systemebenen konzeptualisiert (Engel, 1977). In die jeweilige Systemebene kann vor dem Hintergrund ihrer autopoietischen Organisation und der damit verbundenen operationalen Geschlossenheit

„[…] nicht direkt eingegriffen werden. Von außen sind lediglich Deformationen oder Irritationen möglich, die von dem System nach seinen internen Regeln verarbeitet werden" (Ruf, 2005).

Systemische Therapie – wie jede andere Form von Psychotherapie – kann nicht direkt in die neurobiologische Systemsphäre wirken, sondern diese nur anregen. Demgegenüber determinieren genetische, endokrinologische und psychoimmunologische Faktoren nicht direkt menschliches Verhalten, sondern stimulieren es lediglich. In ökologischer Sichtweise vorläuft psychophysisches Geschehen in „systemischer Wechselwirkung oder *zirkulärer Kausalität* biologischer und psychosozialer Prozesse" (Fuchs, 2005). Es werden die

> „Grenzen systemischer Therapie bei somatischen Krankheiten und zugleich die Grenzen biologischer Therapien (und die Chancen systemischer Therapie) bei psychiatrischen Krankheiten [deutlich]" (Schlippe und Schweitzer, 2003).

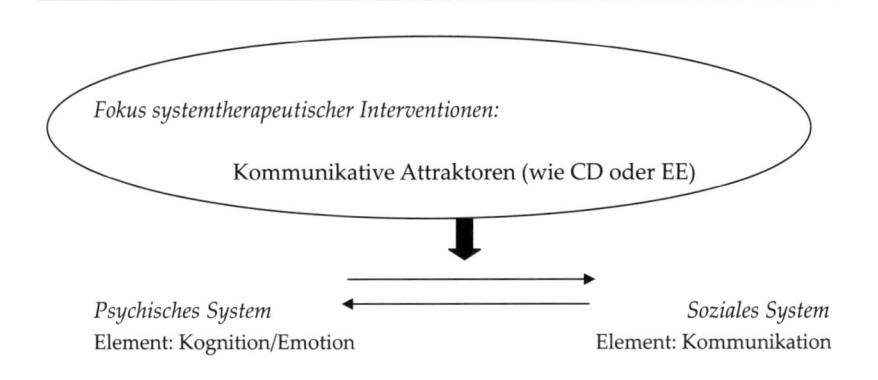

Fokus systemtherapeutischer Interventionen:

Kommunikative Attraktoren (wie CD oder EE)

Psychisches System ⟵⟶ *Soziales System*
Element: Kognition/Emotion   Element: Kommunikation

Neurobiologisches System
Element: Neuron

Abb. 3 – Systemebenen menschlichen Lebens und Fokus systemischer Therapie

Aufgrund der geringen Möglichkeit direkter Instruierbarkeit psychischer Systeme stellen daher die interpersonellen kommunikativen Attraktoren – wie die oben exemplarisch angeführten Phänomene der Communication Deviance und/oder Expressed Emotion – *zwischen* psychischem und sozialem System des Patienten den Hauptfokus systemischer Therapie dar. Als explizit *psychologische Behandlungsform* regt systemische Therapie aus einer prozessorientierten Expertise des „Nichtwissens" primär zur Reflektion und Irritation der Kommunikation des patientenbezogenen Problemsystems an:

> „Angesichts der Autonomie komplexer Systeme sind Interventionen ohne Kenntnis geeigneter Möglichkeiten der ‚Kopplung' und ohne Passung zu aktuellen Systemzuständen und spezifischen Umweltsensibilitäten wenig erfolgversprechend. Das Expertentum liegt nun eben in diesem Umgang mit der Eigengesetzlichkeit und Eigenwilligkeit von Menschen und sozialen Systemen"
> (Schiepek, 1999).

Im Sinne einer Theorie über den Beobachter selbst – der Kybernetik 2. Ordnung – muss der als Experte für die Systembeobachtung fungierende Therapeut dabei die eigene Erkenntniswege und Vorgehensweise in der Störungsproblematisierung im Kontext seines Wirkens miteinbeziehen. Da bezweifelt wird, dass vom Therapeuten objektiv erkennbare Systeme existieren, „ […] geht [es] um die ‚Landkarten', um die Fragen, wie menschliche Erkenntnis kybernetisch organisiert ist" (Schlippe und Schweitzer, 2003). Die Trennung in „System" und „Umwelt" durch den (therapeutischen) Beobachter ist stets eine künstliche, die aber je bewusster sie in Abhängigkeit vom Erklärungsinteresse vollzogen wird, umso notwendiger und sinnvoller sein kann (Kriz, 1999). Erst vor diesem Hintergrund können dann jedoch umso hilfreicher kommunikative Ordner in den Fokus systemtherapeutischer Interventionen rücken, können Hierarchien, Koalitionen und Subsystemgrenzen thematisiert werden. Das Hauptaugenmerk wird während des gesamten therapeutischen Prozesses darauf verwendet, im professionellen

Kontext „Bedingungen für die Möglichkeit selbstorganisierter Ordnungsübergänge in komplexen bio-psycho-sozialen Systemen" zu schaffen (Beierle und Schiepek, 2002; Schiepek, 1999). Welches Verständnis von psychischen Störungen hat Systemische Therapie, wenn diese – anstatt Individuen innewohnenden Eigenschaften zu sein – von zirkulär reproduzierten, kommunikativen Attraktoren in Problemsystemen geprägt sind? Simon (1993) definiert psychische Störung allgemein als Störung der System-Umwelt-Anpassung, im Rahmen derer „kurzfristig oder langfristig eine Bedrohung der Kohärenz des Systems und damit des (Über)Lebens *in seinem aktuellen Interaktionsbereich* gegeben ist." Beobachtbar wird dies durch Symptome. Sie stellen Phänomene dar,

> „denen der oder die Beobachter keine unmittelbaren, aus dem Kontext der Kommunikation ableitbaren Bedeutungen zuschreiben können. Sie sind nicht unmittelbar *verstehbar*, sie fallen aus dem Spiel der Kommunikation, sie sind innerhalb der Kommunikationsregeln nicht deutbar" (Simon, 1995).

Unter dem funktionellen Aspekt ist Symptombildung ein Versuch des Ausdrucks affektiv-kognitiver Verarbeitungs- oder Erlebniszustände. Diese psychischen Ordnungszustände werden als sog. *states of mind* bezeichnet, stellen also in der Situation

> „komplexe, zeitlich begrenzte Strukturen, die das Fühlen, Denken und Handeln einer Person zu einem kohärenten Ganzen organisieren und durch eine überschaubare Anzahl von Parametern charakterisieren" (Haken und Schiepek, 2010).

Im Rahmen von Störungsbildern erweist sich der aktuell realisierte Ordnungszustand für Menschen als problematisch: eines oder sehr wenige Kognitions-Emotions-Verhaltens-Muster prägt persistierend und unter Verursachung von Leidensdruck den Erlebensraum des Betroffenen und gegebenenfalls seiner Umwelt. Der aufrechterhaltene, nun klinisch definierbare Ordnungszustand bewegt sich dabei innerhalb eines Spektrums von zu rigide wie etwa bei

Zwangsstörungen (Schiepek et al., 2008) oder – wie in den meisten Fällen – zu instabil wie z.B. im Fall der PTBS (Flatten et al., 2003). Bei intuitiv vorherrschender Verrücktheit und chaotischen Verhaltens des Betroffenen für die Umwelt empfinden sich diese selbst in den meisten Fällen in ihrer Erlebens- und Handlungsfreiheit als eingeschränkt. Systemische Therapie berücksichtigt insgesamt die Vielschichtigkeit der möglichen Funktion von Symptomen: Sie können zusätzlich auf die ineffektive Lösung eines Problems hinweisen, eine Familienstrukturen stabilisierende Schutzfunktion haben, dem Betroffenen Macht verschaffen oder metaphorisch auf andere Probleme im Problemsystem hindeuten (Boeckhorst, 1988). Nicht selten werden Symptome nach Schlippe & Schweitzer „im systemischen Modell vielfach im Kontext von Übergängen im Lebenszyklus der Familie gesehen" (2003).

Die diagnostischen Klassifikationen psychischer Störungen (ICD-10, DSM-V) tragen nach Sartorius (1990) dem Umstand Rechnung, dass sich die verschiedenen klinischen Ordnungszustände mit hoher Übereinstimmung über Individuen hinweg finden. Da die stationäre Psychiatrie neben der therapeutischen auch Funktionen der Selektion, Begutachtung, sozialen Kontrolle und Aufbewahrung (oftmals ohne das Einverständnis der Betroffenen) innehat, sind die dort Beschäftigten auch angesichts der Gefahren, die von Menschen in Zuständen eingeschränkter Zurechnungsfähigkeit für sich und andere ausgeht auf Diagnosen angewiesen (Ludewig, 2002). Sie bieten unter Handlungsdruck Orientierung bei Entscheidungen, wann eher im therapeutischen Kontext oder wann im Kontext sozialer Kontrolle agiert wird. Dabei gilt es zu berücksichtigen, dass diese nosologischen Klassifikationen zum einen die Chance beinhalten, einen intersubjektiven, kommunikativen Konsens in der professionellen Auseinandersetzung mit psychischen Störungsbildern herzustellen (Kendell, 1975). Zum anderen wird damit das Risiko eingegangen, klinischen Ordnungszuständen einen eher statischen statt dynamischen, zeitlichen Verlaufscharakter zuzuschreiben (Rosenhan, 1973;

Sandifer et al., 1970). Problematisch ist dabei aus zirkulärer Perspektive auf Systeme die implizite wie auch explizite Fokussierung der Aufmerksamkeit auf spezifische, innerhalb des Betroffenen zu verortende Defizite durch Diagnosen. Ruf (2005) plädiert daher für eine Sichtweise auf Diagnosen als notwendige und Handlungsfähigkeit ermöglichende Mittel zur Komplexitätsreduktion, in denen sich die „Gesamtheit von Hypothesen über spezifische zirkuläre Muster im jeweiligen biologischen, psychischen und sozialen System" widerspiegelt. Diagnosen sind für eine einheitliche Kommunikation der patientenbezogenen Problematik soweit unabdingbar, jedoch wie der allgemeine Gegenstand der Psychiatrie stets Narrative, die in sozialer Interaktion entstehen:

> „Ob es sich um Ängste, Verwirrungen, Aggressionen, Depressionen oder Verrücktheiten handelt, geht diesen Beschreibungen immer die Beobachtung von Prozessen voraus, die von Menschen leibhaft ausgedrückt (biologischer Aspekt), leidvoll erlebt und kognitiv verarbeitet (psychisch-emotionaler Aspekt) und im Rahmen sozialer Interaktionen aufgefallen sind (sozionormativer Aspekt). Diese Verwobenheit menschlicher Aspekte, die allesamt aus dem Reservoir menschlicher Erlebens- und Verhaltensqualitäten stammen, bildet den Ausgangspunkt einer systemischen Betrachtung der psychiatrischen Krankheitsbegriffe" (Ludewig, 2002).

2.3.2 Systemtherapeutisch erweiterte Behandlungspraxis in der stationären Psychiatrie

Im folgenden Abschnitt werden Elemente der systemtherapeutisch erweiterten Behandlungspraxis in der vom Spannungsfeld zwischen Therapie und sozialer Kontrolle geprägten stationären Akutpsychiatrie vorgestellt. Zugleich wird damit detaillierter der Inhalt des SYMPA-Projekts beschrieben, um später der Fragestellung nachzugehen, inwieweit und in welcher Weise eine nachhaltige Integration der einzelnen Therapieinstrumente gelang. Grundsätzlich wurde versucht, das

„Nebeneinander gegensätzlicher Strebungen in Patienten, Angehörigen, psychiatrischen Diensten und psychiatrischen Versorgungsnetzwerken als etwas zu akzeptieren, was nicht hinwegentschieden oder hinwegdefiniert werden muß, sondern das genutzt werden kann, um neue Lösungsideen zu konstruieren" (Schweitzer und Schumacher, 1995).

Auf diese Weise soll die Entstehung eines gemeinsamen Fallverständnisses zwischen Behandelnden, Patienten und patientenbezogenen Problemsystem im Verlauf des stationären Aufenthalts befördert werden. Voraussetzung dafür ist eine therapeutische Haltung, die sich im Wesentlichen durch fünf *allgemeine Grundpositionen* auszeichnet (Schiepek, 1999):

- Berücksichtigung der Autonomie von Systemen:
  Oberste Priorität hat in der Beziehungsaufnahme und -gestaltung zum Patienten die Orientierung an seinem Anliegen und berücksichtigt dessen Motivationslage („Besucher", „Klagender", „Kunde"). Es wird in Korrespondenz zu seiner Selbstdarstellung auf den Grad der Zustimmung oder Akzeptanz des Patienten geachtet. Interventionen sollen problematische Muster nicht fortsetzen, aber doch zum Patienten passen (Watzlawick et al., 1974).

- Berücksichtigung der Eigendynamik von Systemen:
  Es wird das sensible Einstellen auf die Prozesshaftigkeit des patienteneigenen Erlebens eingeübt. Veränderung ermöglichende Destabilisierung wird durch den behutsamen Einsatz von Techniken zur Musterunterbrechung angeregt.

- Berücksichtigung der System-Umwelt:
  Die Lebensbedingungen des Klienten und Arbeitsbedingungen des Therapeuten sowie die Entstehungsbedingungen des Therapiekontextes werden (z.B. in der stationären Psychiatrie

bei Aufnahme aufgrund des Unterbringungsgesetzes UBG) besonders berücksichtigt.

- Die Veränderung innerer Konstrukte und Wirklichkeitskonstruktionen:
  Das therapeutische Setting beinhaltet Veränderungen in der Umwelt des patientenbezogenen Problemsystems, die nach Simon (1990) in ihrer Gesamtheit als Anregungsprozess (Pertubation) verstanden werden. Konkrete Effekte sollen durch Veränderung von Wahrnehmungen, Interpretationen, Erklärungen und kognitiven wie kommunikativen Konstrukten erreicht werden.

- Wechselseitiger Bezug (strukturelle Koppelung) zwischen individuellen Problemen und interpersoneller Kommunikation:
  Es wird nicht primär von individuellen Defiziten ausgegangen, sondern Probleme werden in der Thematisierung, Veranschaulichung und Veränderung kommunikativer Strukturen rekonstruiert.

Die daraus resultierende *therapeutische Grundhaltung* beinhaltet das Streben nach Vergrößerung des patientenbezogenen Möglichkeitsraums, ein zugleich ordnendes wie neue Sichtweisen anregendes Formulieren von Hypothesen, die Konzentration auf Zirkularität, eine bewusst reflektierte und angemessene Neutralität, Neugier im Sinne eines Nichtwissens bzgl. der Eigenlogik von Systemen, Ressourcen- und Lösungsorientierung sowie einer Kundenorientierung (Schlippe und Schweitzer, 2003). Zentrales Element der therapeutischen Grundhaltung ist ein aus ihr resultierendes wertschätzend konnotierendes Vorgehen, welches die subjektiven Hintergründe für jedes Verhalten nachzuvollziehen und dessen Kontext innerhalb des Problemsystems zu erschließen versucht. Zugleich sollte auf therapeutischer Seite ein hohes Verantwortungsbewusstsein hinsichtlich einer hier falsch verstandenen generell positiven Bewertung des im Zusammenhang mit psychischen

Krisen auftretenden Verhaltens bestehen: schwerste, leiderzeugende Symptomatik wie z.B. fremd- oder selbstgefährdendes Verhalten sollte nicht verharmlost, sondern handlungsleitend gewürdigt werden. Eine Dienstleistungsphilosophie, die möglichst genau das anbietet, was der Patient als Erwartung, Wunsch oder Auftrag an die Therapie implizit oder explizit formuliert, gestaltet sich in der stationären Psychiatrie oft schwierig bis hin zu unmöglich. Der Therapeut vereint hier in einer Rolle sowohl die Verantwortung für die Therapie wie den Schutz bzw. die Kontrolle des Patienten und der Gesellschaft. Der Behandelnde steht damit im Falle von Zwangsmaßnahmen vor der Herausforderung, dem Betroffenen im Rahmen einer *Kontextmarkierung* transparent zu machen, dass er nach rechtlichen Vorgaben neben der Schutzfunktion auch die gesellschaftlich festgelegte Funktion der sozialen Kontrolle ausübt. Nur so kann versucht werden, die widersprüchliche Deklaration von „Kontrolle als Therapie" als double-bind dem Patienten gegenüber aufzulösen (Ruf, 2000).

Im Zuge sich vielfältiger entwickelnder Lebensformen weg von der traditionellen Ehe und Kleinfamilie hin zu patch-work-Familien findet Systemische Therapie heute in *Settings* mit unterschiedlichsten Personenkonstellationen (z.B. alleinerziehende Eltern mit Kindern oder Einzeltherapie) statt (Sargent, 2001). Settings können zusätzlich auch innerhalb eines Therapieprozesses variieren. Eine Kombination aus systemischer Methodik mit Familientherapie-Setting kann jedoch besondere Synergieeffekte wie etwa gleichzeitige Bearbeitung der Belastung der Angehörigen und in der Folge verminderte drop-out-Raten der Patienten bewirken (Schweitzer und Zwack, 2009). Im Rahmen des SYMPA-Projekts sind systemische Einzelgespräche mit jedem Patienten im Umfang von mindestens einmal wöchentlich à 15-30 Min. sowie mindestens ein systemisches Gespräch mit dem patientenbezogenen Problemsystem je bei Aufnahme und Entlassung vorgesehen. Im fakultativen SYMPA-Plusprogramm werden zusätzlich eine systemische Gruppentherapie sowie eine systemische Intervision mit Teilnahme des Patienten mindestens einmal im Verlauf des Aufenthalts empfohlen.

Um der Autonomie von Menschen und der mit ihr verbundenen kontinuierlich ablaufenden Selbstorganisation gerecht zu werden, d. h. die Erwartungen und Wünsche der Patienten nach (Nicht)Veränderung im Hinblick auf den vor ihnen liegenden Therapieprozess handlungsleitend in die Kommunikation zu bringen, steht *am Anfang eines stationären Aufenthalts die Auftrags- und Therapiezielklärung*. Sie sollte zur besseren späteren Nachvollziehbarkeit schriftlich in den Worten des Patienten bzw. der weiteren Auftraggeber dokumentiert und als Kopie an selbige ausgehändigt werden. Mit diesem Instrument wird der Überweisungskontext geklärt (Wer ist der Auftraggeber?) sowie versucht aus dem Anliegen des Patienten einen gemeinsamen Therapiefokus herauszuarbeiten. Bei Aufenthaltsbeginn zeigt sich dabei auch, ob

> „der Patient aktiv an einer Problemlösung mitarbeiten möchte, im Krankheitskontext Unterstützung erwartet oder durch unkontrolliertes Verhalten mit Selbst- oder Fremdgefährdung Zwangsmaßnahmen im normativen Kontext provoziert" (Ruf, 2005).

Bei Bereitschaft zur Problemlösung oder erwarteter Unterstützung im Krankheitskontext sollte neben dem Therapiefokus auch Zielszenarien des Aufenthalts zusammen mit konkreten sie identifizierenden „Landmarken" formuliert werden, z. B. anhand der „Wunderfrage". Die Herausforderung liegt nach Schweitzer & Schumacher (1995) dann v. a. darin, „wie man die Ambivalenz und das Nicht-Gesagte, den stillen Subtext in solche Konversationen einladen kann" und damit ein möglichst umfassendes Bild der Anliegen des Hilfesuchenden zu gewinnen. So können geeignete therapeutische Vorgehensweisen zur Zielerreichung ebenso wie Verlauf, Dauer und Kontrollaspekte des Aufenthalts im Vorhinein vorbesprochen werden. Im weiteren Verlauf des Aufenthalts sollte Transparenz hinsichtlich seiner Rahmenbedingungen und sich ändernder Motivationslagen von gegebenenfalls dritten Auftraggebern (z. B. Angehörigen), den Auftrag mitverantwortenden Behandelnden (z. B. Ärzten oder Psychologen) und dem Patienten durch einen kontinuierlichen Aushandlungsprozess zwischen eben jenen gewährleistet werden. Konkret heißt das, eine Auftragsklärung an mehreren Zeitpunkten der Therapie explizit und immer *mit* dem Patienten zu wiederholen und – falls notwendig – anzupassen. Im Falle von Zwangsmaßnahmen beinhaltet die Auftrags- und Therapiezielklärung vor allem die oben schon angesprochene Markierung des normativen Behandlungskontexts sowie das Aufstellen von transparenten Wenn-dann-Regeln zur Orientierung des Patienten. Zusätzlich sollte betont werden, dass im Falle von angewandten Zwangsmaßnahmen im Nachhinein möglichst eine Nachbesprechung zwischen Patient und Team erfolgt. Ziel ist dabei ein Auffangen des durch Zwangsmaßnahmen entstehenden Autonomieverlustes auf Seiten des Patienten.

Möglichst früh nach Aufnahme jedoch unter Berücksichtigung der Belastbarkeit und Bereitschaft des Patienten steht die Durchführung eines *Genogramminterviews*, um eine Übersicht über die komplexen Familienstrukturen (über max. drei Generationen) zu gewinnen. Das Augenmerk liegt hier auf den Geschichten, die im Rahmen der Rekonstruktion der Familienhistorie vom Patienten berichtet werden, da sie Ausgangspunkt möglicher Hypothesen zum Fallverständnis darstellen können und dann zugleich den Hintergrund für einen neuen interpretativen Zugang zu der gegenwärtigen psychischen Krise bieten. Konzeptionell steht hinter dem Genogramminterview die Idee, frühzeitig neuralgische Punkte innerhalb des patientenbezogenen Problemsystems aufzuspüren, welche wiederum als Anknüpfungspunkt für weitere systemische Interventionen dienen (z. B. Wer kommt zur Teilnahme an späteren Familiengesprächen in Frage? Wer genau nicht?). Zusätzlich ist es ein exemplarisches Instrument für die Verzahnung von diagnostischem und therapeutischem Vorgehen, da sich für Patienten und Behandelnde bereits beim Erstellen neue Narrative zu Geschehenem und daraus neue Handlungsaufforderungen für Zukünftiges ableiten lassen:

> „Most couples and families enjoy the process of generating a genogramm, as they see patterns emerge in their family histories in a way that is accessible and clarifying" (Rait und Glick, 2008a).

Im psychiatrischen Kontext muss bei Genogrammarbeit bedacht werden, dass diese auch labilisierende Effekte haben kann und dekompensationsgefährdete bzw. dekompensierte Patienten damit überfordert sein könnten. Deshalb ist die Kompetenz des Therapeuten wichtig, zu erkunden, wann welche Form der Genogrammarbeit (z. B. ressourcenorientiert vs. aufdeckend) indiziert erscheint sowie die Fähigkeit des Therapeuten, sich ergebende krisenhafte Entwicklungen abfangen zu können.

Kernelement systemischer Psychotherapie während des gesamten Aufenthaltes des Patienten sind *systemische Einzel- und Familiengespräche* mindestens einmal pro Woche. Anfänglich – in der Phase der Fragen zur Wirklichkeitskonstruktion – geht es um eine Erkundung individueller und problemsystembezogener Krankheitskonzepte sowie der Grundüberzeugungen zu Krankheit und Gesundheit. Dabei dominieren zunächst problemorientierte und klassifizierende Fragen. Für das behandelnde Team ist dies oft der geeignete Zeitpunkt, eine stringente psychopathologische Diagnostik mit demselben hohen Anspruch zu leisten, mit dem deren Ergebnis später als interpersonelles, kommunikatives Hilfsmittel dem Patienten transparent gemacht wird. Später sollen – im Rahmen von Fragen zur Möglichkeitskonstruktion – die bisherigen Deutungsmuster zur psychischen Krise aufgelockert und neue Sichtweisen sowie Veränderungsmöglichkeiten eröffnet werden. An dieser Stelle können dann auch die nützlichen, etwa schützenden Aspekte der Symptomatik in der Interaktion mit dem sozialen Umfeld mittels wertschätzender Konnotation thematisiert werden. Versucht werden dabei,

> „investigations of circular causal processes reflecting the reciprocal influence of various levels of the family system, rather than [...] look for linear causality" (Cox und Paley, 1997).

Dieses Bemühen kann bereits Teil eines Reframing sein, welches Umdeutungen der bisher erlebten Geschichten vornimmt und Raum für Lösungsmöglichkeiten gibt. Wesentlicher Bestandteil der an Möglichkeitskonstruktionen orientierten Fragetechnik ist ihr zirkulärer Charakter. Man spricht vom sogenannten Zirkulären Fragen, welches auf der Annahme basiert, dass jede Frage aufgrund ihres impliziten Angebots einer Wirklichkeitskonstruktion als therapeutische Intervention gesehen werden kann (Schmidt, 1985). Vor dem Hintergrund, dass gezeigtes Verhalten auch als kommunikatives Angebot verstanden werden kann, kommt ihm damit auch eine wechselseitige Beziehungsdefinition zu. Es werden daher z. B. explizit die gezeigten Verhaltensweisen der anderen Mitglieder des Problemsystems zur Symptomatik mit dem Patienten aus dessen Sicht thematisiert. Insgesamt soll vermieden werden, systemspezifische

> „zirkuläre Abläufe nicht wieder einseitig zu interpunktieren und zum Beispiel das Symptom mit psychopathologischen Kategorien anderer Familienmitglieder in eine lineare Beziehung zu setzen (‚der eine verhält sich so, weil der andere so stark gestört ist')"
> (Schlippe und Schweitzer, 2003).

Besonders bei Familiengesprächen, also in Anwesenheit vieler am Problemsystem Beteiligter, wird damit

> „[...] auch ein Angebot zum Einnehmen einer Außenperspektive auf das eigene soziale System gemacht. Das Klientensystem wird damit herausgefordert, die ‚Wirklichkeit' nicht in den gewohnten Interpunktionsmustern zu beschreiben" (Schlippe und Schweitzer, 2003).

Eine weitere Fragenform sind lösungsorientierte (Verbesserungs)Fragen, welche Ausnahmen (Unter welchen Umständen tritt das Problem nicht auf?) und Ressourcen (Welche Stärken sind bereits jetzt vorhanden?) anvisieren sowie die Wunderfrage (Wenn das Problem durch ein Wunder über Nacht verschwunden wäre:

Woran könnte man erkennen, dass es passiert ist?) beinhaltet. Zur umgekehrten Verdeutlichung von zu unterlassenden Kommunikations- und Verhaltensweisen dienen problemorientierte (Verschlimmerungs)Fragen.

Um dem Anspruch eines kooperierenden Therapieprozess, der auf die Emanzipation des Patienten hinsichtlich seiner Lebensgestaltung hinzuwirken beabsichtigt wird mit dem *Reflecting Team* ein dies auch in seiner Struktur verkörperndes Instrument entwickelt. Der Patient und gegebenenfalls weitere Angehörige des Problemsystems beobachten dabei gemeinsam mit einem (aus dem Team stammenden) Berater das sich in der Metakommunikation über ihn bzw. sie befindende therapeutische Team etwa im Rahmen von Fallbesprechungen. Dazu findet nach der Einverständniserklärung aller Beteiligten zunächst ein 20minütiges „klassisches" Hypothesen generierendes Gespräch statt, das anschließend für eine Reflektionsphase des beobachtenden Systems, des Reflecting Teams, unterbrochen wird. Dabei können das Problemsystem und der involvierte Berater „Verstehensimpulse" des beobachtenden Systems „frei von dem Bedürfnis nach aktiver oder gar manipulativer Einflussnahme" wahrnehmen (Schlippe und Schweitzer, 2003). Die ungerichtete Kommunikation seitens des reflektierenden Teams schafft gerade dadurch Freiraum für den Austausch gegenseitiger Wahrnehmungen zwischen verschiedenen Menschen, weil sie nicht in deren individuelle Integrität eingreift. Zur Strukturierung sollte sich in der Reflektionsphase besonders bei schwer gestörten Patienten auf im Vorhinein umrissene Problemfoki beschränken.

2.4 PERSPEKTIVE DER ORGANISATIONSENTWICKLUNG: GRUNDLAGEN SYSTEMISCHER ORGANISATIONSTHEORIE

2.4.1 Theoretische Grundlagen organisationaler Systeme

Im Folgenden sollen zunächst Grundlagen systemischer Organisationstheorie dargestellt werden, auf denen im Weiteren die handlungsleitenden Prinzipien einer entsprechenden Organisationsentwicklung in psychiatrischen Einrichtungen aufbauen und anhand derer diese Prinzipien auf ihre Sinnhaftigkeit im Kontext der jeweiligen Organisation (Psychiatrische Klinik) und deren Umwelten (Kostenträger, Angehörige usw.) geprüft werden können. Nach Simon (2008) ist das Kerncharakteristikum der Bildung von Organisationen die

> „Konstruktion kooperativer Handlungsmuster, bei denen von den konkreten Menschen *abstrahiert* werden kann, weil sie durch die Standardisierung der notwendigen Handlungsweisen als Individuen austauschbar werden."

So kann im vorliegenden Fall für das SYMPA-Projekt bei der Beobachtung und Analyse die Organisation der psychiatrischen Klinik als handelnde Einheit von ihren einzelnen Mitarbeitern, z.B. Gesundheits- und Krankenpflegern, Ärzten usw. als handelnden Akteuren unterschieden werden. Letztere werden zu notwendigen Umwelten der Organisation, in der sie sich nur ausgedrückt durch ihre Mitarbeit bzw. Arbeitsleistung nicht aber in der Gesamtheit ihrer Psyche oder ihres Körpers wiederfinden. Aufgrund dieser auf Entlohnung basierenden Bereitwilligkeit zur nur teilweisen Integration in die Organisation leistet der einzelne Akteur innerhalb eines bestimmten Spektrums das von ihm Abverlangte unabhängig von seiner Beurteilung als Privatperson. Der sich auf Seiten des Akteurs ergebende Bereich fremdmotivierten Verhaltens stellt neben der Entstehung arbeitsteiliger Handlungsmuster

> „den evolutionären Gewinn der Organisationsbildung dar. Es können hochkomplexe Prozesse realisiert werden, die das Handlungsvermögen von Individuen übersteigen" (Simon, 2008).

Und obwohl Organisationen dadurch Individuen überdauern können, müssen die ihnen zugrundeliegenden Prozesse stets neu oder eben nicht mehr verwirklicht werden – eine physikalische Entität gibt es nicht.

Ihr prozesshafter Systemcharakter ermöglicht der Organisation Flexibilität: „A system can respond adaptively to its environment by mimicking inside itself the basic dynamics of evolutionary processes" (Warglien, 2002).

Eine psychiatrische Klinik kann im Extremfall die Neuaufnahme eines Patienten – wie gegebenenfalls seit Jahrzehnten – weiterhin ohne explizite Berücksichtigung von *seinem* primärem Behandlungsziel durchführen oder aber sie kann beginnen, dieses über in der Weiterbildung vermittelten Auftragsklärung zu integrieren. Erklärungsbedürftig bliebe der eine wie der andere Fall, so dass eben auch nach den Gründen für eine ausbleibende Veränderung der stationären Behandlungsroutine nach erfolgter systemischer Weiterbildung des Teams zu fragen wäre. Die Verbindung der von zahlreichen Organisationsmitgliedern, z. B. den Mitarbeitern einer Station, vollzogenen Einzelhandlungen zu einem überdauernden Handlungsmuster und dessen fortwährende Wiederholung wird durch Kommunikation gewährleistet. Der elementare Bestandteil von durch Handlungsmustern bestimmter sozialer Systeme kann nach der Definition von Luhmann (1984) nur Kommunikation sein, da erst ihr *Ereignis* zwei individuell handelnde Akteure koppelt und zwar als dreifacher Selektionsprozess zur Sinnerzeugung (Auswahl aus den möglichen Mitteilungen durch den Sender, Auswahl aus den möglichen Information der realisierten Mitteilung durch den Empfänger, Auswahl aus den Verstehensmöglichkeiten der gewählten Information durch den Empfänger). Für psychiatrische Institutionen gilt nun spezifisch, dass der vom Patienten initiierten Kommunikation von Vorneherein der Sinn abgesprochen werden kann. Je nach klinischer Epistemologie und/oder drohender Eigen- bzw. Fremdgefährdung durch den Patienten kann sinnbezogene Disqualifizierung von patienteneigenem Verhalten eine der sinnhaften Schlüsselfunktionen von Psychiatrie sein, etwa wenn es um die soziale Kontrollausübung geht.

Der mit dem Kommunikationsereignis verbundene, intraindividuell stattfindende Auswahlprozess ergibt sich aus der notwendigen Herstellung von einem Sinnhorizont bei Interpretation einer Handlung und hat zur Folge,

> „dass Kommunikation nicht direkt beobachtet, sondern nur erschlossen werden kann. Um beobachtet werden oder um sich selbst beobachten zu können, muss ein Kommunikationssystem deshalb als Handlungssystem ausgeflaggt werden"
> (Luhmann, 1984).

Identifizierbare überdauernde Handlungsmuster innerhalb von Organisationen können daher als Ergebnis von reproduzierten, funktionell konservierten Kommunikationsmustern beschrieben werden, mit denen die Abgrenzung gegenüber der Umwelt erfolgt – Kommunikation schließt an Kommunikation an. Auf Irritation, also z. B. eine organisationsentwickelnde Intervention wird ein System wie eine allgemeinpsychiatrische Station seinen internen Kommunikationsstrukturen gemäß reagieren und dementsprechend neue Elemente im therapeutischen Ablauf integrieren oder ignorieren. Dabei gilt es zu berücksichtigen, dass psychiatrische Einrichtungen – wie Organisationen im Allgemeinen – „unterschiedlichen, oft konkurrierenden und manchmal sich sogar gegenseitig ausschließenden Zwecken [unterliegen]" (Simon, 2008). Im Rahmen von vermittelten Interventionen (z. B. Auftragsklärung) neu erlernte Kommunikationsstrategien mögen ggf. die therapeutische Beziehung zwischen Patient und Therapeut erleichtern, aber auf der anderen Seite z. B. die Ausübung der Schutzfunktion für Patient, Angehörige, Team und Gesellschaft erschweren. Diesen inhaltlichen Herausforderungen noch übergeordnet ist innerhalb von Organisation eine „Systemrationalität", die an der Aufrechterhaltung der System-Umwelt-Unterscheidung und damit an der organisationalen Weiterexistenz orientiert ist (Luhmann, 2000). Unter diesem Aspekt findet immer auch ein Einbezug ökonomischer Aspekte statt – denn Liquidität ist die Voraussetzung für die Fortsetzung der die Organisation charakterisierenden

Kommunikation. In Zeiten einer bevorstehenden, am DRG-Entgeltsystem ausgerichteten budgetierten Finanzierung von psychiatrischen Einrichtungen ist davon auszugehen, dass ein Großteil der organisationalen Konzentration auf die ökonomische Umwelt verwendet wird. Es ist anzunehmen, dass dies für jede ressourcenbeanspruchende Neuentwicklung – auch für eine systemische Organisationsentwicklungsmaßnahme wie SYMPA – zum beschränkenden Faktor wird. Umwelt ist für die Organisation auch das psychische Prozessieren ihres einzelnen Mitgliedes, das zwar notwendige Voraussetzung für die Kommunikation ist, jedoch per se keine Kommunikation darstellt. Allerdings ist vor allem eine psychiatrische Einrichtung auf die psychischen Systeme ihrer Mitarbeiter

> „unverzichtbar angewiesen, da sie selbst *nicht* über Mittel der sinnlichen Wahrnehmung verfügt. In dieser Hinsicht besteht eine vollkommene Abhängigkeit der Organisation vom Bewusstsein ihrer Mitglieder als relevanter Umwelt" (Simon, 2008).

Um die widersprüchlichen und konfliktbehafteten Inhalte psychischer Systeme organisational einzubetten, zugleich jedoch nicht zu sehr von den Mitgliedern zu abstrahieren, entstehen Mitgliedsrollen. Ein Stationsarzt hat einen anderen Bezug zum Patienten als der Beauftragte für das Qualitätsmanagement einer Klinik, ein dort angestellter Psychologe oder auch ein Gesundheits- und Krankenpfleger. Die zugeordneten Rollen erzeugen für die Akteure aufgrund ihrer Innensteuerung prinzipiell nicht prognostizierbare dauerhafte Verhaltensmuster, eröffnen wie begrenzen ihre Entscheidungsspielräume und sorgen letztlich für Erwartbarkeit und Stabilität der Organisationsstruktur. Die Einführung systemtherapeutischer Praxis auf allgemeinpsychiatrischen Stationen im Rahmen der multiprofessionellen Weiterbildung, so ist zu vermuten, könnte Rollenzuschreibungen ändern, etwa wenn Mitarbeiter ohne akademische Qualifizierung vormalig Ärzten, Psychologen oder Sozialarbeitern vorbehaltene Interventionen durchführen oder eher formal-hierarchisch sozialisierte Ärzte nun den Patienten als Experten für sein Leiden anzusehen sich bemühen. Im Idealfall agiert das Behandlungsteam intelligenter, denn „Sachautorität kann nun formale Macht übertrumpfen" (Simon, 2008). Da die Verwirklichung von organisationsinternen Aufgaben jedoch davon abhängt, wie spezifisch diese an bestimmte Rollen gebunden werden, kann eine – wie von SYMPA angestrebte – „Rollenaufweichung" auch zu Koordinationsschwierigkeiten führen, insofern dass sich im Extremfall niemand oder alle verantwortlich fühlen.

Insgesamt lässt sich schlussfolgern, dass bei der Analyse der Möglichkeiten nachhaltiger Implementierung systemischer Praxis in die Behandlungsroutine einer allgemeinpsychiatrischen Klinik die durch die Organisation vorgenommenen Innen-Außen-Unterscheidungen im Zentrum stehen. Unter der Annahme einer zunächst die Weiterexistenz sichernden Systemrationalität, welche die Grundlage der Verwirklichung zweckrationaler Aufgaben durch die Klinik darstellt, müssen zunächst die dafür notwendigerweise mit Vorrang berücksichtigten Umwelten identifiziert werden. Erst in einem zweiten Schritt wird die Verarbeitung des mit der anvisierten neuen Behandlungsroutine verbundenen Wissens auf den Stationen betrachtet, also das organisationale Lernen des Systems psychiatrische Klinik. In welchen Situationen und Abläufen kommt es in diesem Sinne zur „Veränderung von Wissen" (Bateson, 1981), die erkennbar an veränderten Kommunikationsmustern wären? Und in Bezug auf die Organisationskultur kann darüber hinaus der Frage nachgegangen werden, ob die neue Behandlungsroutine gar „gemeinsam geteilte Werte" bzw. „kohärente Glaubenssätze" als Kontextbedingungen der konkret in der Organisation erfolgenden Handlungen ändert (Schein, 2003). Schließlich soll untersucht werden, inwieweit durch die Einführung einer systemtherapeutischen Vorgehensweise Salienz für Umwelten entsteht, die bisher in der Behandlungsroutine allgemeinpsychiatrischer Stationen in ihrer Relevanz nicht vollends vorkamen (Angehörige, weiterführende komplementäre Einrichtungen usw.; siehe Abb. 4, Kapitel 2.4.1).

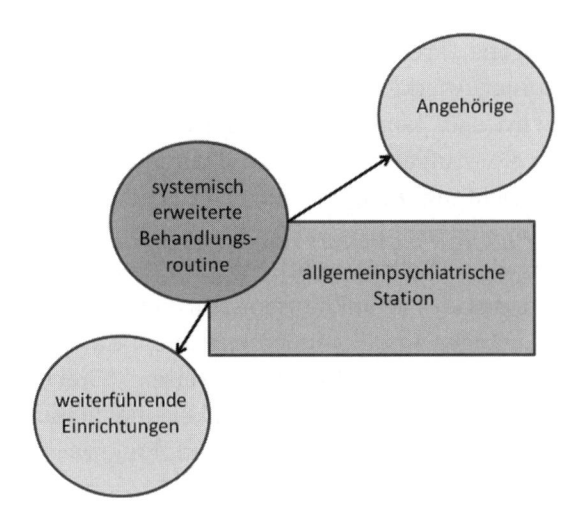

Abb. 4 – Modell einer möglichen Fokusverschiebung von allgemeinpsychiatrischen Stationen

2.4.2 Gütekriterien systemischer Organisationsentwicklung in psychiatrischen Kliniken

Nachdem im vorherigen Kapitel einige wesentliche Eigenschaften von Organisationen diskutiert wurden, geht es im Folgenden darum, Benchmarks für erfolgreiche systemische Organisationsentwicklung in einer psychiatrischen Klinik zu klären. Anhand der so gewonnenen Gütekriterien soll später die Einführung systemtherapeutischer Behandlungsroutine hinsichtlich seiner nachhaltigen Verhaftung in der Organisationsstruktur differenziert beurteilt werden.

Die Kernaufgabe der therapeutischen Arbeit mit Patienten in psychiatrischen Einrichtungen ist deren „möglichst komplette (Wieder-)Erlangung der Autonomie der Lebenspraxis" (Borst, 2007). Im Vergleich zur klassischen Rollenaufteilung zwischen Helfer und Hilfebedürftigen in der kurativ orientierten, somatischen Medizin ist die Einbindung und damit auch Eigenverantwortlichkeit des Patienten im psychiatrisch-psychotherapeutischen Therapieprozess noch unverzichtbarer. Sieht man in der individuellen Therapiesituation die Lösung dieser Forderung darin, dass das patientenbezogene Problemsystem als Kooperationspartner auf Augenhöhe unter Anerkennung seiner Wirklichkeitskonstruktionen betrachtet wird, so kommt einer systemischen Organisationsentwicklung die Aufgabe zu, diese Haltung strukturell in der jeweiligen Einrichtung zu etablieren. Die Schwierigkeit besonders im Kontext von allgemeinpsychiatrischen Stationen liegt darin, dass gerade hier das Rollen- und Wirklichkeitsverständnis des Behandelnden das des Krankheitseinsicht vermittelnden Experten ist, dessen „Aussagen Implikationen enthalten, die auf Objektivität und Wissenschaftlichkeit des Inhalts verweisen" (Grebe et al., 2007). Nach Borst (2007) müssen demgegenüber die Stationsteams im Rahmen einer systemisch erweiterten Behandlungsweise

> „mehr mit als über die Patientinnen und Patienten reden; die Teammitglieder müssen die Fähigkeiten und Fertigkeiten ausbilden, fall- und situationsangemessen diese Verhandlungskultur in gute Gespräche mit dem Patienten umzusetzen; die Berufsgruppen [...] sich doch in groben Zügen einig sein, worum es geht und wie die Autonomie gefördert werden soll."

Aus ihrer Erfahrung als Leiterin der Unternehmensentwicklung in den Psychiatrischen Diensten Thurgau (Schweiz) betont Borst (2007) fünf für eine in psychiatrischen Kliniken erfolgreiche Organisationsentwicklung notwendige, dennoch nicht hinreichende *organisationale Gütekriterien*:

- *Initiative und Motivation der Direktion* einer Klinik, eine entsprechende neue/erweiterte Behandlungsroutine einführen zu wollen – im Idealfall explizit repräsentiert über den Ärztlichen Direktor
- Gemeinsame Formulierung und Verpflichtung mit der neuen Behandlungsroutine verbundener *Grundsätze (Kontextvariablen)* – idealerweise erstellt und vermittelt in die Organisationskultur prägenden team- und bereichsübergreifenden Konferenzen, Fortbildungen oder Fallbesprechungen

- Multiprofessionelle Einigung auf einen in seiner Durchführung realistisch prognostizierten, *konsensfähigen Therapieplan*, der für alle teilnehmenden Stationen verbindlich ist
- Einführung von *Bezugspersonenarbeit* auf der Stationsebene, im Rahmen derer die konstant dort tätige Pflege die zentrale Koordinationsposition des sog. Case Managers gewinnt
- Gewährleistung einer *regelmäßigen Evaluation*, aus der dann gegebenenfalls Anpassungsmaßnahmen resultieren

Wie sehen neben diesen formalen Grundbedingungen systemischer Organisationsentwicklung in der Psychiatrie entsprechende *prozessbezogene Gütekriterien* aus? Nicolai et al. (2001b) definieren systemisches Arbeiten in psychiatrischen Einrichtungen anhand einer in einem Versorgungsforschungsprojekt gewonnen Reflexionsliste als:

- Kontextuelles Verständnis psychischer Störungen
- Lösungs- und ressourcenorientierten Umgang damit unter Respektieren der Autopoiesis davon betroffener Systeme
- Anstreben einer systemischen Selbstreflexion (Metaperspektive/Beobachtung 2. Ordnung)
- Kontext(Rahmen)steuerung statt Verhaltenssteuerung

Hauptziel ist die Auflösung psychopathologisch gewissermaßen geronnener Konflikte im Problemsystem durch Steigerung der Kontrollüberzeugung seiner Mitglieder vor dem stützenden Hintergrund einer verstärkt wahrgenommenen Kontrollüberzeugung zunächst bei den einzelnen Mitgliedern des psychiatrischen Teams selbst. Zusätzlich sollten auf der Organisationsebene verschleißärmere Kooperationsformen und eine erhöhte Mitarbeiterzufriedenheit sowie das wirtschaftliche Überleben der jeweiligen Klinik gefördert werden (Nicolai et al., 2001a).

Konkrete Indikatoren für die Qualität der Organisationsentwicklung lassen sich nach Nicolai et al. (2001a) in vier Bereichen identifizieren:

1. Klinische Praxis
2. interne Kooperation zwischen den Mitarbeitern
3. Organisations- und Leitungskultur
4. Umgang mit relevanten Umwelten (z. B. weiterführenden Einrichtungen)

In der vorliegenden Studie soll für den Bereich „Klinische Praxis" systemischen Arbeitens auf den Stationen anhand der Fragestellungen der klinisch-anwendungsbezogenen Forschungsperspektive primär ein empirisches Bild davon gewonnen werden, in welchem Umfang und in welcher Weise fünf Jahre nach Beginn des SYMPA-Projekts 2008 dort weiterhin die um systemische Elemente erweiterte Behandlungsroutine praktiziert wird. Zum Bereich „Interne Kooperation zwischen den Mitarbeitern" sei hier auf die Studie von Maurer (2009) verwiesen, welche sich mit der Entwicklung von Burnout-Vulnerabilität und Teamklima beschäftigt. Die Bereiche „Organisations- und Leitungskultur" und „Umgang mit relevanten Umwelten" sollen im Folgenden durch die Fragestellungen der Forschungsperspektive der Organisationsentwicklung exploriert werden.

2.5 Theoretisches Rahmenmodell und Fragestellungen der vorliegenden Studie

Die in den vorherigen Kapiteln ausgeführten theoretischen Vorüberlegungen zu einem synergetischen Verständnis psychischer Störungen und zur systemischen Organisationstheorie bzw. -entwicklung in psychiatrischen Einrichtungen sollten für Umwelten sensibilisieren, in denen sich eine systemtherapeutisch erweiterte Behandlungsroutine sowohl inner- als auch außerhalb der Projektstationen niederschlagen könnte. Diese relevanten Umwelten bzw. Umweltbeziehungen sollten im nächsten Schritt in einem

Rahmenmodell visualisiert werden, mit dem Ziel der Operationalisierung in konkreten Fragestellungen. Die methodologische Vorgehensweise orientierte sich dabei an den grundlegenden Vorschlägen für die Vorbereitung qualitativer bzw. triangulierender Studien von Miles & Huberman (1994). Das theoretische Rahmenmodell stellte dabei ein sensibilisierendes Konzept für zu unternehmende Beobachtungen dar:

> „The theoretical framework can be equated with the reading glasses worn by the researcher. Sharing the type and role of framework is essential to maintain communicative validity" (Malterud, 2001b).

Ausgehend von den über die Weiterbildung im Stationsalltag initiierten systemtherapeutischen Techniken und der damit verbundenen Irritation des bisher bestehenden organisationalen Wissens war hauptsächlich auf drei Ebenen mit Veränderungen zu rechnen: in der klinischen Praxis auf Station (Anwendungsebene), übergreifend in der gesamten Klinik (Organisationsebene) und in der Kommunikation mit Angehörigen, Berufsbetreuern usw. (relevante Umweltebene) (siehe Abb. 5, Kapitel 2.5).

Verbindendes Element zwischen diesen Systemebenen waren – wie oben theoretisch ausgeführt – die Kommunikationen der Mitarbeiter, die daher im Zentrum dieser Studie stehen. Sie bildeten das Medium des zu untersuchenden organisationalen Wissens.

```
ANWENDUNGSEBENE:
KLINISCHE PRAXIS AUF STATION

um systemische Beratungsmethodik erweiterte
Behandlungsroutine

„patientenbezogenes Problemsystem als
Kooperationspartner"

Zentraler Faktor: konsensfähiger Therapieplan
```

```
Zugang: Klinisch-anwendungs-
bezogene Forschungsperspektive

Evaluationsmethode: quantitativ
→ Fragebögen (CSA, SIFB)
```

VERBINDUNGSELEMENT:

Kommunikationen der Mitarbeiter

```
ORGANISATIONSEBENE:
DIE KLINIK

Spannungsfeld zwei zentraler Faktoren:
Kontextvariablen einer systemisch-
psychiatrischen Organisationskultur
vs
psychiatriespezifische Systemrationalität
als Hindernis
```

```
RELEVANTE UMWELTEBENE:
ANGEHÖRIGE UND PSYCHIATRISCHES
VERSORGUNGSNETZWERK

Zentraler Faktor: umweltspezifische Salienz
der Klinik
```

```
Zugang: Forschungsperspektive der Organisationsentwicklung

Evaluationsmethode: qualitativ
→ leitfadengestützte Experteninterviews
```

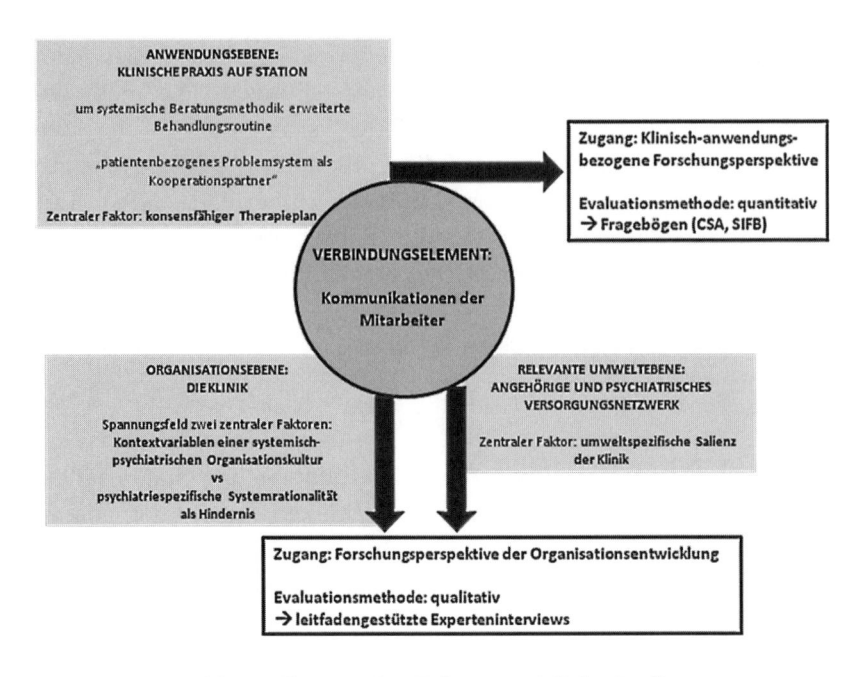

Abb. 5 – Theoretisches Rahmenmodell der Studie

Auf der *Anwendungsebene* konnte für die Nachhaltigkeitsphase angenommen werden, dass begünstigende und hemmende Faktoren für die 2003 eingeführte neue Behandlungsweise deutlich würden. Als zentraler Faktor war zu prüfen, ob der im SYMPA-Handbuch erstellte Therapieplan konsensfähig fortgeführt werden konnte. Im Sinne einer unterschiedlichen Passung zu den bestehenden Strukturen sollten gegebenenfalls Modifikationen in der Stationsarbeit identifiziert werden (Wann und bei wem kommen welche Interventionen zum Einsatz?). Die *klinisch-anwendungsbezogene Forschungsperspektive* beinhaltete daher Fragestellungen zur Anwendungspraxis und operationalisierte die Fort- und Durchführung dieser in einer fragebogenbasierten Evaluation zur Nutzung von vier Kerninterventionen Systemischer Therapie (Auftrags- & Therapiezielklärung, Genogramminterview, Systemisches Familiengespräch, Reflecting Team) 2008. Für die Effekte auf der *Organisationsebene* wurde eine Verortung im Spannungsfeld zweier zentraler Faktoren postuliert: Auf der einen Seite sollten gegebenenfalls entstandene Kontextvariablen (Grundsätze) einer systemisch-psychiatrischen Organisationskultur in der jeweiligen Klinik erkundet werden. Im Zuge eines erhöhten Zeit- und Kostendrucks bei erhöhter Arbeitsbelastung und Dokumentationspflicht waren auch für psychiatrische Kliniken Systemrationalitäten zu postulieren, die ein Hindernis für systemisches Arbeiten in deren Kontext darstellten. In diesem Zusammenhang und mehr noch aus dem Eigenverständnis systemischer Praxis heraus wurde schließlich die Frage nach *relevanten Umweltorientierungen* der Kliniken zu nachgegangen. Es war zu prüfen, ob patientenbezogenes Problemsystem sowie das gesamte psychiatrische Versorgungsnetzwerk durch den Einsatz einer systemischen Herangehensweise bereits im Akutbereich eine höhere Aufmerksamkeit durch die Klinik erfuhren. Organisationsebene und die relevante Umweltebene wurden durch die *Forschungsperspektive der Organisationsentwicklung* explorativ und hypothesengenerierend über leitfadengestützte Experteninterviews mit den Mitarbeitern erschlossen. Nach der Entwicklung der Forschungsperspektiven und ihrer methodischen Zugangswege wurden vier Hauptfragestellungen formuliert und Kriterien für ihre Operationalisierung entworfen. Die sich unten anschließende Übersicht zeigt die theoriegeleitet postulierten Beobachtungsebenen, die daraus entwickelten vier Hauptfragestellungen der Studie und deren Operationalisierungskriterien. Die Operationalisierungskriterien stellten dabei Parameter dar, anhand derer die Praktikabilität systemtherapeutisch erweiterter Behandlungspraxis auf allgemeinpsychiatrischen Stationen, ihr Übergang in die Organisationskultur und ihre Wirkung auf relevante Umweltebenen geprüft werden sollte.

> **ANWENDUNGSEBENE:**
> **DIE PRAXIS SYSTEMTHERAPEUTISCH ERWEITERTER**
> **BEHANDLUNGSPRAXIS AUF DEN PROJEKTSTATIONEN**
> Klinisch-anwendungsbezogene Forschungsperspektive
> Methodischer Zugangsweg: Fragebogenerhebung mit SIFB und CSA

Fragestellung 1:
Wurde ein konsensfähiger Therapieplan mit systemischem Fallverständnis entwickelt und umgesetzt?

Operationalisierungskriterien:
- Systemische Weiterbildungserfahrung der Mitarbeiter 2008
- Personalfluktuation 2008
- Anwendungshäufigkeit der vier Grundinterventionen systemischer Behandlungspraxis (Auftrags- & Therapiezielklärung, Genogramminterview, Systemisches Familiengespräch, Reflecting Team) 2008 insgesamt
- Anwendungshäufigkeit der vier Grundinterventionen systemischer Behandlungspraxis auf den Projektstationen 2008 im Vergleich
- Anwendung systemischer Behandlungspraxis 2005 bis 2008 im Verlauf

> **ORGANISATIONSEBENE:**
> **DIE WIRKUNG SYSTEMTHERAPEUTISCH ERWEITERTER**
> **BEHANDLUNGSPRAXIS INNERHALB DER KLINIK**
> Forschungsperspektive der Organisationsentwicklung
> Methodischer Zugangsweg: Theoriegenerierende Experteninterviews

Fragestellung 2:
Können Kontextvariablen einer systemisch-psychiatrischen Organisationskultur identifiziert werden?

Operationalisierungskriterien:
- Initiative der Führung
- Ressourcenorientierung in der therapeutischen Grundhaltung
- Einführung von Bezugspersonenarbeit
- Kooperierende Rollenwahrnehmung der Mitarbeiter
- Innerklinische Verbreitungseffekte über die Projektstationen hinaus

Fragestellung 3:
Können psychiatriespezifische Systemrationalitäten als Hindernisse für die neue Behandlungsweise gefunden werden?

Operationalisierungskriterien:
- hypothesengenerierendes Vorgehen, daher keine

UMWELTEBENE:
ANGEHÖRIGE UND PSYCHIATRISCHES VERSORGUNGSNETZWERK
Forschungsperspektive der Organisationsentwicklung
Methodischer Zugangsweg: Theoriegenerierende Experteninterviews

---

Fragestellung 4:
Veränderte sich die Salienz für das patientenbezogene Problemsystem sowie das psychiatrische Versorgungsnetzwerk?

Operationalisierungskriterien:
- Außendarstellung der neuen Behandlungsweise durch die Klinik (Klinikleitbild, Öffentlichkeitsarbeit und Qualitätsmanagement)
- Angehörige
- Psychiatrisches Versorgungsnetzwerk (Berufsbetreuer, weiterführende Einrichtungen usw.)

> „At sunset, when the sky over a Wisconsin field is rosy and glowing,
> cows are pink.
> At that moment and in that particular context,
> the description of pink for cows is really true.
> This is phenomenology. True knowledge is relative."
> [Carla M. Dahl & Pauline Boss (2005)]

3. Methodik

3.1 Between-Method Studiendesign: Kombination qualitativer und quantitativer Evaluation

Um alle drei theoretisch postulierten Wirkungsebenen eines systemischen Ansatzes (Anwendungsebene, Organisationsebene, relevante Umweltebene) weitgehend zu erfassen, wurde nach dem Prinzip der Methodenangemessenheit die Kombination eines quantitativen und qualitativen Feldzugangs, den beiden Forschungsperspektiven entsprechend, gewählt (Flick, 1992). Der Begriff der Triangulation stammt aus der Landvermessung und bezeichnet den Umstand, dass eine akkuratere Ortsangabe möglich wird, wenn ein Punkt von verschiedenen Perspektiven bzw. Winkeln ausgehend beschrieben wird. Im Kontext der Evaluationsforschung stellt Triangulation eine Strategie dar, sowohl quantitativ strukturelle Aspekte des Forschungsgegenstandes als auch qualitativ damit verbundene Bedeutungszuschreibungen durch mit ihm in Beziehung stehende Akteure zu erfassen (Fielding und Fielding, 1986). Ziel einer triangulatorischen Annäherung an ein zu untersuchendes Phänomen ist die exaktere Beschreibung des Forschungsgegenstandes nicht in einem objektiven Sinn, sondern unter der gewählten Perspektive der Fragestellungen. Malterud (2001a) beschreibt die damit verbundene Erhöhung der Validität in einem grundlegenden Beitrag: „The validity of clinical evidence can be strengthened when qualitative and quantitative methods complement each other". Im Einzelnen wurde, einem *between-method* Design folgend, in der vorliegenden Studie durch den

Einsatz einer quantitativen und einer qualitativen Methode in der Untersuchung gleicher empirischer Einheiten, eine höchstmögliche interne wie externe Validität angestrebt (Denzin, 2009; Jick, 1979). Die empirischen Einheiten (Untersuchungseinheiten) stellten dabei die Stations-mitarbeiter dar, welche – den beiden gewählten Forschungs-perspektiven Rechnung tragend – auf zweierlei Arten untersucht wurden:

Primär quantitativ wurde – in Form von Fragebögen – aus der klinisch-anwendungsbezogenen Forschungsperspektive vorgegangen, um empirisch fundierte Daten zu Häufigkeit und Art der Anwendung der einzelnen systemischen Interventionen als Indikator für einen konsensfähigen Therapieplan zu finden. In diesem Zusammenhang wurde eine Fragenbogenerhebung unter den Mitarbeitern mit dem vom Autor dieser Studie erstellten Systemischen Interventionsfragebogen (SIFB) sowie der Checkliste Systemische Akutpsychiatrie (CSA) von Zwack & Schweitzer (2007) durchgeführt. Ergebnisse aus dem qualitativen Zugangsweg per leitfadenbasierten halbstrukturierten Experteninterviews dienten im Rahmen der klinisch-anwendungsbezogenen Forschungsperspektive ausschließlich der Veranschaulichung und besseren Interpretierbarkeit – in Anlehnung an das Design größerer sozialwissenschaftlicher Studien, etwa in den Shell-Jugendstudien der Universität Bielefeld.

Für die Perspektive der Organisationsentwicklung erschien ein qualitativer Ansatz, in Form von leitfadenbasierten halbstrukturierten Interviews, angemessen, der statt statistischer Generalisierbarkeit eine plausible Erklärung der interaktionellen Prozesse auf der Organisationsebene und der relevanten Umweltebene anstrebt (Brown und Lloyd, 2001). Durch methodisch kontrolliertes Fremdverstehen sollte der Gegenstandsbereich „systemtherapeutisch erweiterte Behandlungsroutine in akutpsychiatrischen Settings" offen erkundet und Kategorien für seine Evaluation generiert werden. Letztere sollen den Ausgangspunkte künftiger Hypothesen testender, empirischer Forschungsvorhaben auf diesem Gebiet dienen (Burck, 2005). Daher wurde in der vorliegenden Arbeit eine von größtmöglicher Offenheit gegenüber dem Forschungsgegenstand geprägte hermeneutische Methodik gewählt, die

> „berücksichtigt, dass die auf den Gegenstand bezogenen Sicht- und Handlungsweisen im Feld sich schon deshalb unterscheiden, weil damit unterschiedliche subjektive Perspektiven und soziale Hintergründe verknüpft sind" (Flick, 2007).

Konkret wurden leitfadenbasierte halbstrukturierte Experteninterviews nach Meuser & Nagel (2005) mit einem repräsentativen Teil der auf den Projektstationen tätigen Mitarbeiter durchgeführt. Gegenstand der qualitativen Analyse waren die in Transkripten fixierten Kommunikationen der Mitarbeiter, die in strukturierender Inhaltsanalyse nach Mayring softwaregestützt ausgewertet wurden (2000, 2003). Diese Art der Textanalyse fokussiert nach Froschauer & Lueger (2003) eher manifeste inhaltliche Bedeutungen des zugrundeliegenden Materials unter Aufdeckung von Häufigkeit und Verflechtung meist – jedoch nicht notwendig – am Leitfaden orientierter Themen. Der Einsatz von Qualitative Data Analysis (QDA) Software erleichterte nicht nur die inhaltsanalytische Codierung, sondern ermöglichte über Quantifizierung der Kategorien auch quasistatistische Aussagen zur Gewichtung einzelner Themen und ihren Verbindungen untereinander (Kelle, 1995; La Pelle, 2004).

Mittels des gewählten Triangulationsdesigns sollte jedoch nicht nur eine höhere Validität der Daten erreicht, sondern der Forschungsgegenstand sowohl detaillierter und vertiefter beschrieben werden. Greene et al. (1989) folgend sahen wir in der Triangulation die Möglichkeit,

> „to increase the interpretability, meaningfulness, and validity of constructs and inquiry results by both capitalizing on inherent method strengths and counteracting inherent biases in methods and other sources".

Insbesondere die Geltungsbegründung qualitativ gewonnener Erkenntnisse besteht dabei nicht nur in der Überprüfung der quantitativ erhaltenen Resultate, „sondern [auch] in der systematischen Erweiterung und Vervollständigung von Erkenntnismöglichkeiten" (Flick, 2007). Die vorliegende Untersuchung sollte damit auch exemplarisch einem für die Psychotherapieforschung geforderten Methodenpluralismus Rechnung tragen, der in seiner Fundiertheit und Differenziertheit gerade auch die Ambivalenz von notwendiger Komplexitätssteigerung und -reduktion psychotherapeutischer Praxis widerspiegelt (Ochs, 2009).

3.2 METHODIK DER KLINISCH-ANWENDUNGSBEZOGENEN FORSCHUNGSPERSPEKTIVE:
DIE QUANTITATIVE EVALUATION PER FRAGEBOGEN

3.2.1 Der Systemische Interventionsfragebogen (SIFB)

Der Systemische Interventionsfragebogen (SIFB, siehe Anhang 1) wurde zur Erfassung des Ist-Zustandes 2008 eigens konzipiert, da detaillierte Messinstrumente für Anwendung systemischer Methoden im stationären therapeutischen Kontext zum Zeitpunkt der Erhebung (1. Halbjahr 2008) noch nicht vorlagen. Erfragt wurden darin auf den fünf Dimensionen „Auftrags- und Therapiezielplanung", „Genogramminterview", „Systemisches Familiengespräch", „Reflecting Team" und „Systemische Intervision/Supervision" die wichtigsten im Rahmen von SYMPA eingeführten, oben beschriebenen Methoden. Jede Dimension wurde mit einer filternden Entscheidungsfrage zum Stattfinden der jeweiligen Methode eröffnet. Daran schloss sich bei Bejahung die Einschätzung der Häufigkeit auf einer fünfstufigen Ordinalskala an. Es folgten geschlossene als auch offene Fragen zu weiteren Details der jeweiligen Methode (z. B. „Wo werden die aus dem Genogramm gewonnenen Informationen genutzt?"), um ein genaueres Bild der Umsetzung im Stationsalltag zu erhalten. Die Fragen zur jeweiligen Dimension endeten mit einer offenen Frage zu Verbesserungsvorschlägen für die Durchführung der jeweiligen Methoden, womit Informationen für zukünftige Optimierungsprozesse gefunden werden sollten.

3.2.2 Checkliste Systemische Akutpsychiatrie (CSA)

Für die Erfassung des Verlaufs von 2005 bis 2008 wurde auf die Checkliste Systemische Akutpsychiatrie (CSA, siehe Anhang 2) von Zwack & Schweitzer (2007) zurückgegriffen, um eine Vergleichbarkeit der Daten zu den Messzeitpunkten 2005, 2006 und 2008 zu gewährleisten. Darin werden

> „sowohl Einschätzungen zu Nutzungsgrad, Realisierbarkeit, Nachhaltigkeit, Aufwand/Ertrag-Verhältnis und Freude an der Anwendung systemischer Interventionen erhoben (Interventionsteil), wie auch Items zur Zusammenarbeit und Facetten des professionellen Rollenverständnis (Kooperationsteil)"
> (Zwack und Schweitzer, 2007).

3.2.3 Erhebung

Die Erhebung fand auf zwei Stationen der „Psychiatrie der Zweiten Lebenshälfte" im Kreiskrankenhaus Gummersbach bei Köln sowie jeweils zwei Stationen der Allgemeinpsychiatrie des Klinikums Region Hannover Wunstorf und der Allgemeinpsychiatrie des Westfälischen Zentrums Psychiatrie und Psychotherapie in Paderborn statt. Dabei handelte es sich um jeweils um die zwei Probandenstationen aus der Studie zum Patienten-Outcome von SYMPA durch Crameri et al. (2009). Probandenstation 6 wurde in die Befragung nicht eingeschlossen, da es im Untersuchungszeitraum zu einem drastischen Mitarbeiteraustausch aufgrund von disziplinarischen Versetzungen kam. Die Mehrheit des dort tätigen Pflegeteams wurde aus nach eigenen Angaben „nicht nachvollziehbaren Gründen" durch Entscheidung der pflegerischen und ärztlichen Leitung auf andere Stationen versetzt. Dies führte innerhalb des Teams zu massivem Unfrieden und Überforderung auf Seiten der zurückbleibenden Pflegemitarbeiter, da es sich bei den versetzten Mitarbeitern um die erfahrensten Kollegen handelte, die durch unerfahrenes Personal ersetzt wurden. Diese Umstrukturierungen wirkten sich deutlich negativ auf die Realisierung systemischen Arbeitens wie auch auf die Bereitschaft zur Teilnahme an den Interviews und Fragebogenerhebungen aus. An dieser Stelle sei bereits darauf hingewiesen, dass dies zu einer ungleichen Abbildung der drei Kliniken führt, da eine von ihnen nur über die Befragung einer Probandenstation repräsentiert wurde. Allen auf den fünf eingeschlossenen Stationen tätigen Mitarbeitern wurde im Untersuchungszeitraum Januar 2008 bis April 2008 ein Fragebogenpaket inklusive demographischem Datenblatt vorgelegt. Es wurde ausdrücklich darauf Wert gelegt, Vertreter aller am Projekt beteiligten Berufsgruppen (Gesundheits- und Krankenpfleger, Assistenz- und Oberärzte, Psychologen, Sozialarbeiter sowie Therapeuten nonverbaler Verfahren) einzubeziehen. Da die Teilnahme an der Erhebung freiwillig war, soll hier betont werden, dass das Risiko einer Selbstselektion zugunsten gegenüber dem Projekt positiv eingestellter Mitarbeiter bestand. Um dem entgegenzuwirken, hielt der Autor der vorliegenden Arbeit einen einführenden Kurzvortrag für *alle* Stationsmitarbeiter über Datenschutz sowie Inhalt und Anliegen der Studie, in dem betont wurde, dass insbesondere auch Teilnahme kritisch eingestellter Mitarbeiter erwünscht sei. Vorgeschlagen wurde aus Diskretionsgründen eine Beantwortung der Fragebögen im privaten Rahmen. Die Rückgabe erfolgte in eine versiegelte Urne auf der jeweiligen Projektstation. Das Monitoring der Erhebung unternahmen die lokalen SYMPA-Koordinatoren, denen die Fragestellungen der Studie nicht bekannt waren.

3.2.4 Stichprobe

Es wurde eine Vollerhebung auf fünf der sechs Probandenstationen durchgeführt, deren Mitarbeiter ab 2003 in der systemtherapeutischen Behandlungsroutine geschult wurden. Nach Auskunft der Stationsleitungen arbeiteten auf den fünf eingeschlossenen Stationen zum Zeitpunkt der Erhebung 73 Mitarbeiter. Insgesamt wurden 51 Fragebogensets zurückgegeben, was einer Ausschöpfungsqualität (nach Freeman & Rossi) bzw. *Rücklaufquote* von 70,0% entsprach. Zwischen den einzelnen Stationen variierte die Rücklaufquote zwischen 66% und 75%. Hinsichtlich der Geschlechterverteilung erwiesen sich 66,7% der Antwortenden als Frauen gegenüber 33,3% Männern. Die *Berufsgruppenverteilung* – Abb. 6 zu entnehmen – auf den Stationen wurde mit 36 antwortenden (70,6%) Gesundheits- und Krankenpflegern, 10 (19,6%) Ärzten sowie 5 (9,8%) Psychologen, Sozialarbeiter und Therapeuten nonverbaler Verfahren gut repräsentiert. Laut Angabe der Stationsleitungen lag der Anteil der auf allen Stationen tatsächlich beschäftigten Pflegekräften bei 73,9%, während der Anteil der Ärzte und übrigen Therapeuten bei 26,1% lag. In der untersuchten Stichprobe ist somit die Pflege leicht unterrepräsentiert, wohingegen Ärzte und übrige Therapeuten etwas überrepräsentiert sind.

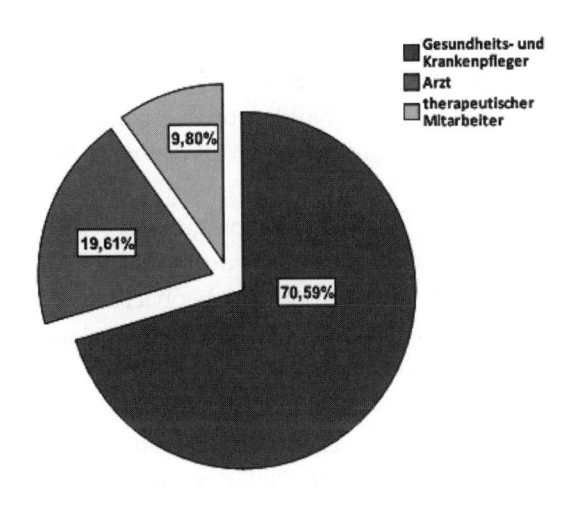

Abb. 6 – Berufsgruppenzugehörigkeit der Antwortenden

3.2.5 Datenauswertung: Varianzanalyse mit Messwiederholung sowie Mittelwertvergleich

Die quantitative Datenauswertung erfolgte mit SPSS Statistics 17.0® (SPSS, 2008). Zunächst wurden Häufigkeiten für die Daten zur Berufs- bzw. Weiterbildungserfahrung in Systemischer Therapie aus dem SIFB errechnet. Anschließend wurden Häufigkeiten für die Angaben zur Durchführung der einzelnen im SIFB untersuchten therapeutischen Interventionen ermittelt. In einem weiteren Schritt sollte die Anwendungshäufigkeit der vier Grundinterventionen systemischer Praxis (Auftrags- und Therapiezielklärung, Genogramminterview, Systemisches Familiengespräch und Reflecting Team) auf den verschiedenen Projektstationen 2008 verglichen werden. Dazu wurde eine einfaktorielle univariate Varianzanalyse (ANOVA) mit den Projektstationen als festem Faktor (unabhängige Variable) und dem Nutzungsgrad als abhängiger Zielvariablen gerechnet. Wie für dieses Verfahren vorausgesetzt, waren die Ausprägungen innerhalb des Faktors „Projektstation" (Projektstationen 1 – 5; k = 5) nicht miteinander verbunden. Auf Varianzhomogenität als weitere Voraussetzung für ANOVA wurde im Levene-Test geprüft, wobei die Nullhypothese beibehalten werden konnte. Für signifikante Effekte in der ANOVA wurde zusätzlich ein Post-Hoc-Mehrfachvergleich nach Bonferroni gerechnet, um zu prüfen, inwiefern sich die Ausprägungen des Faktors (Projektstationen) unterscheiden. Pospeschill (2007) folgend korrigiert der Test nach Bonferroni das beobachtete Signifikanzniveau unter Berücksichtigung der Tatsache, dass multiple Vergleiche vorgenommen werden. Die gewünschte Gesamtsignifikanz wird also durch die Anzahl der benötigten Einzeltests dividiert. Schließlich sollten die 2008 gewonnenen Daten in der CSA mit den von Zwack & Schweitzer (2007) zu den Messzeitpunkten 2005 und 2006 erhobenen verglichen werden, um Aussagen zu nachhaltiger Nutzung und Praktikabilität sowie deren Änderungen im zeitlichen Verlauf machen können. Da für die Erhebungszeitpunkte 2005 und 2006 keine Identifikation (z.B. durch anonyme Codes) der teilnehmenden Versuchspersonen mehr möglich war und somit keine einfache Messreihe der Teilnehmer gebildet werden konnte, wurden hierzu für die verschiedenen Messzeitpunkte jeweils nur die Mittelwerte berechnet. Es bleibt festzuhalten, dass auch aufgrund der dargestellten testtheoretischen Einschränkungen, die so gewonnenen statistischen Kennwerte lediglich als empirische Hinweise und nicht als objektivierende Masse zu sehen sind.

3.3 METHODIK DER FORSCHUNGSPERSPEKTIVE DER ORGANISATIONSENTWICKLUNG: EXPERTENINTERVIEWS & STRUKTURIERENDE INHALTSANALYSE

3.3.1 Rekonstruierende qualitative Organisationsforschung in der Psychiatrie

Im Rahmen rekonstruierender Organisationsforschung wird versucht, in Organisationen existentes Spezialwissen über die ihnen eigenen Prozeduren und über das subjektive Erleben ihrer Mitglieder zu systematisieren. Bisher stehen wenig publizierte Daten und kaum bedeutende Variablen speziell zur Implementierung Systemischer Therapie in größeren psychiatrischen Einrichtungen zur Verfügung. Die vorliegende Studie versucht, systemisches Arbeiten auf allgemein-psychiatrischen Stationen durch Rekonstruktion von sozialen Situationen und Prozessen auch auf Organisationsebene sowie relevanter Umweltebene zu erschließen. Um Hinweise zu vermuteten Effekten zu bekommen wurde der Zugang zum Forschungsfeld um qualitative Methodik erweitert. Die dadurch angestrebte hohe interne Validität der Ergebnisse sollte einen soliden Ausgangspunkt für weitere klinische Studien auf dem Gebiet systemischer Praxis in der Versorgungspsychiatrie liefern (Greenhalgh, 2005). Dabei ging es auf Organisationsebene um die Analyse des Spannungsfelds zwischen konkreten Kontextvariablen einer systemisch-psychiatrischen Organisationskultur in den Kliniken und deren psychiatriespezifischen Systemrationalitäten. Auf der relevanten Umweltebene sollten Veränderungen in der Salienz der Klinik für Angehörige und für das psychiatrische Versorgungsnetzwerk untersucht werden. Für beide Ebenen wurden die Effekte in strukturierender Inhaltsanalyse nach Mayring (2003) untersucht. Die Systematisierung erfolgte, indem Interviewaussagen, die in Verbindung mit Effekten auf der Organisations- oder relevanten Umweltebene standen, in Kategorien zusammengefasst wurden. Im zentralen Analyseschritt wurde daher ein Kategoriensystem iterativ auf das Textmaterial der leitfadenbasierten halbstrukturierten Experteninterviews mit den Mitarbeitern angewendet. Bei theoriegeleitet (top-down) fest-stehenden Hauptkategorien wurde eine wiederholte, am Textmaterial begründete (bottom-up) Änderung der Subkategorien gefordert. Iterativ meint hier also eine zirkuläre Textanalyse „mit einer *aufsteigenden* (textgeleiteten) und einer *absteigenden* (schemageleiteten) Verarbeitungsrichtung" (Mayring, 2003). Noch im Prozess der Datengewinnung wird dabei eine Modifikation der theoretischen Vorannahmen im Sinne der bereits gewonnen Erkenntnisse und damit Flexibilität gegenüber der Materie ermöglicht (Pope et al., 2000). Rekonstruierende Organisationsforschung zeichnet sich also durch ein systematisches Vorgehen mit Kategorien im Zentrum der Analyse bei gleichzeitig hoher „Sensibilität für die Vielfalt und Variabilität der Materie" (Greenhalgh, 2005) aus. Im vorliegenden Fall sollte dies mit der Erhebungsmethode Experteninterview realisiert werden, um Effekte systemischer Therapie im Stationsalltag auf Organisationsebene und deren relevanter Umweltebene möglichst vollständig in ihrer Rekursivität abzubilden.

3.3.2 Erhebungsmethode: Das theoriegenerierende Experteninterview

Bei Experteninterviews handelt es sich um nicht standardisierte, quantitativ nicht auswertbare Sonderformen der Befragung von im Forschungsfeld handlungsleitenden „Experten als ‚Kristallisationspunkte[n]' praktischen Insiderwissens" (Bogner und Menz, 2005b). Der Experte wird dabei nicht als Person mit ganzheitlicher Biographie befragt, sondern als jemand, der in einem organisatorischen oder institutionellen Kontext Verantwortung für die

Implementierung einer spezifischen Problemlösung trägt (Meuser und Nagel, 2005). In der vorliegenden Studie waren die 56 Experten Mitarbeiter auf den am SYMPA-Projekt beteiligten psychiatrischen Akutstationen oder Vertreter aus deren Umfeld (weiterführende Einrichtungen, Berufsbetreuer usw.). Ihre gemeinsame Zugehörigkeit zum einheitlichen fachlichen Funktionsbereich der psychiatrischen Akutstation und ihre damit verbundenen subjektiven Handlungsorientierungen und Entscheidungsmaximen stellten die Basis für den theoriegenerierenden Gehalt der Studie dar. Es wurde postuliert, dass in den Interviews beschriebenen Wissensbestände, Routinen sowie Hindernisse eine konstitutive Bedeutung für das Ausmaß der möglichen Implementierung systemischer Praxis auf psychiatrischen Akutstationen zugeschrieben werden konnten. Vor dem Hintergrund einer nach Bogner und Menz (2005a) „wissenssoziologischen Perspektive, die die soziale Realität als durch Interpretationshandlungen hergestellte Konstruktion von Wirklichkeit begreift" stellen diese Tiefeninterviews einen gemeinsamen situationsgebundenen Deutungsprozess zwischen Experte und Interviewer dar. Äußerungen der Befragten sind immer auch Äußerungen für den konkreter Gegenüber, d.h. abhängig von

> „seinen Vorstellungen und Mutmaßungen bezüglich Kompetenz, fachlicher Herkunft, normativen Orientierungen und Einstellungen sowie der untersuchungsfeldrelevanten Einflusspotentiale des Interviewers" (Bogner und Menz, 2005a).

Der vorliegenden Studie orientierte sich daher in Bezug auf die Interviewdurchführung und -auswertung am „Interaktionsmodell" von Bogner & Menz (2005a), das interaktionsbedingte Effekte auf die Datenerhebung nicht als Störvariablen sondern als genuines Element eines sozialen Prozesses der Datenproduktion betrachtet.

3.3.3 Entwicklung des Interviewleitfadens

Um sowohl dem thematisch begrenzten Umfang des spezifischen Erkenntnisinteresses der Studie als auch dem Expertenstatus des Gegenübers gerecht zu werden, entschieden wir uns für eine leitfadenbasierte halbstrukturierte Gesprächsführung. Neben der von Kassner & Wassermann (2005) beschriebenen „Balance zwischen Strukturiertheit und Offenheit des Gesprächs" wird zusätzlich eine höhere Vergleichbarkeit der Aussagen aus den verschiedenen Interviews erreicht. Im leitfadenbasierten halbstrukturierten Interview werden die Fragen vorgegeben, sind in ihrer Reihenfolge jedoch variabel. Zulässig sind weiterhin Umformulierungen, Ergänzungen sowie Erläuterungen. Aus dem bereits in Kapitel 2.5 (Abb. 5) entwickelten theoretischen Rahmenmodell der Studie wurden nun Hauptkategorien für die spätere strukturierende Inhaltsanalyse entworfen, welche zugleich das thematische Grundgerüst für die Erstellung des Leitfadens lieferten:

ORGANISATIONSEBENE: DIE KLINIK			RELEVANTE UMWELTEBENE: ANGEHÖRIGE UND PSYCHIATRISCHES VERSORGUNGSNETZWERK
Spannungsfeld zwei zentraler Faktoren: Kontextvariablen einer systemisch-psychiatrischen Organisationskultur vs psychiatriespezifische Systemrationalität als Hindernis			Zentraler Faktor: umweltspezifische Salienz der Klinik

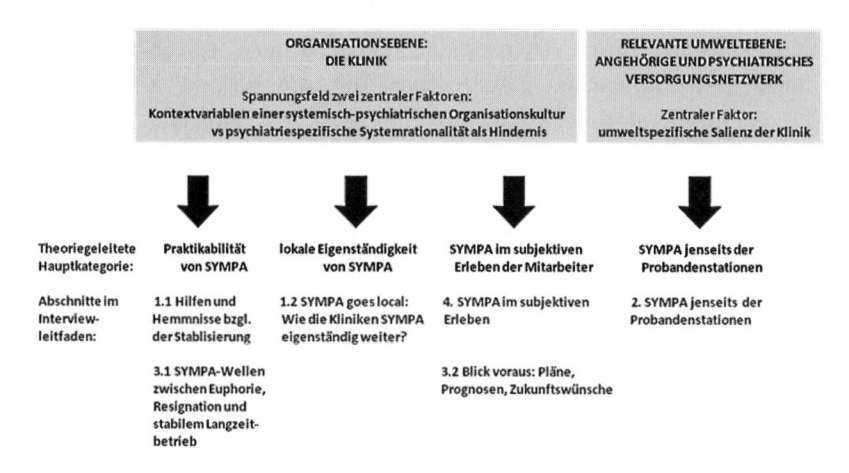

Theoriegeleitete Hauptkategorie:	Praktikabilität von SYMPA	lokale Eigenständigkeit von SYMPA	SYMPA im subjektiven Erleben der Mitarbeiter	SYMPA jenseits der Probandenstationen
Abschnitte im Interviewleitfaden:	1.1 Hilfen und Hemmnisse bzgl. der Stablisierung	1.2 SYMPA goes local: Wie die Kliniken SYMPA eigenständig weiter?	4. SYMPA im subjektiven Erleben	2. SYMPA jenseits der Probandenstationen
		3.1 SYMPA-Wellen zwischen Euphorie, Resignation und stabilem Langzeitbetrieb	3.2 Blick voraus: Pläne, Prognosen, Zukunftswünsche	

Abb. 7 – Theoriegeleitete Hauptkategorien und Interviewleitfaden

Neben den in Abb. 7, Kapitel 3.3.3 beschriebenen vier thematischen Hauptabschnitten wurden jedem Interviewten zu Beginn Fragen zu dessen Position innerhalb der Klinik sowie zur Erfahrung mit systemischer Praxis gestellt, um früh ein Bild zu gewinnen, welche Abschnitte lohnenswert angesprochen werden sollten. Am Ende wurde abschließend nach der Wirkung des Interviews auf den teilnehmenden Mitarbeiter gefragt. Den gesamten Interviewleitfaden zeigt Anhang 3. Nach Erstellung der Erstversion des

Leitfadens fanden drei Probedurchläufe mit den lokalen SYMPA-Koordinatoren statt, welche zu geringfügigen Änderungen führten.

3.3.4 Auswertungsmethode: Qualitative Inhaltsanalyse mit QDA-Software

3.3.4.1 Ablauf einer qualitativen Inhaltsanalyse mit ATLAS.ti 5.0
Basis qualitativer Forschung ist nach Greenhalgh (2005) eine systematische Datenanalyse und die Identifikation von Fallbeispielen, die bisherige gängigen Theorien zum Untersuchungsgegenstand in Frage stellen oder ihnen gar widersprechen, ohne wie bei quantitativen Verfahren eine Null-Hypothese gegen eine Alternativhypothese zu testen. Als eine Basismethode gilt die Inhaltsanalyse, *content analysis*, die unter Entwicklung von Kategorien eine Systematisierung des zugrunde liegenden Textmaterials, z.B. der Interviewtranskripte, erreicht (Greenhalgh, 2005). Zentraler Prozess dabei ist die Einordnung der Aussageinhalte in *begründete* Kategorien bzw. Codes als

> „retrieval and organizing devices that allow the analyst to spot quickly, pull out, then cluster all the segments relating to the particular question, hypothesis, concept, or theme. Clustering sets the stage for analysis" (Miles und Huberman, 1994).

Die erstellten Transkripte beinhalteten als direkte Auskunft aus dem Handlungsfeld der befragten Mitarbeiter geteiltes Betriebswissen, welches anhand von Kategorienbildung in seiner „Geltung auch für homologe Handlungssysteme" überprüft werden sollte (Meuser und Nagel, 2005). Einzelne, v. a. sich wiederholende Passagen der dokumentierten Interviews fungierten als Indikatoren für generalisierbare Phänomene im Kontext des Forschungsgegenstandes. Die relevanten Segmente der transkribierten Daten wurden in einer „Cut-and-paste"-Technik den passenden vorgenerierten oder bottom-up neu erstellten kategorienzugehörigen Codes zugeordnet. Die so zustande kommende Zerlegung und Vernetzung des Textes wurde mithilfe der etablierten QDA-Software ATLAS.ti

5.0 von Thomas Muhr durchgeführt (Muhr, 1991), die mittlerweile in einer aktualisierten Version 7.0 vorliegt. QDA erleichtert eine Listung einschlägiger für eine Kategorie vorgesehener Passagen, wodurch die Triftigkeit, Vollständigkeit und Validität der Kategorie laufend reevaluiert werden kann:

> „By coding we link certain quotations together and form thematic groups of data-pieces. Codes are names for such groups, indicating what kind of quotations can be found in each particular bundle. [...] With the help of codes (and the virtual Atlas.ti environment), we can *see* the thematic contours of each group of quotations as well as the size of the groups" (Konopásek, 2008).

Methodisch folgte die im Rahmen der Studie vorgenommene Transkriptanalyse der Mitarbeiterinterviews dem von Mayring vorgeschlagenen allgemeinen inhaltsanalytischen Ablaufmodell (2003).

3.3.4.2 Bestimmung des Ausgangsmaterials

Festlegung des Materials: Stichprobe
Um die untersuchten Phänomene möglichst in ihrer ganzen Vielfalt – also einschließlich atypischer Fälle – gezielt zu erfassen (ökologische Validität), wurde kein probalistisches, sondern ein theoriegeleitetes Sampling durchgeführt: „A case is selected because it is expected to exemplify or test some identified theoretical issue" (Brown und Lloyd, 2001). Die Zusammenstellung der Stichprobe wurde dabei unter dem Aspekt einer möglichst hohen externen Validität der zu findenden Ergebnisse vorgenommen. Es wurde daher „stratified purposeful" mit einer insgesamt hohen Interviewanzahl und unter möglichst repräsentativer Abbildung der jeweils in den vermuteten Wirkungsebenen agierenden Subgruppen gesampelt (Kuzel, 1992):

1. Vertreter der verschiedenen auf den Probanden- *wie* Kontrollstationen tätigen Berufsgruppen (Organisationsebene) und

2. Repräsentanten der Öffentlichkeitsarbeit/Außendarstellung der Klinik (Relevante Umweltebene) sowie

3. Angehörigenvertreter und Vertreter des psychiatrischen Versorgungsnetzwerks (Relevante Umweltebene)

Die 2006 nachgeschulten Kontrollstationen wurden in diesen Erhebungsarm miteinbezogen, um Erkenntnisgewinn und -vielfalt in Bezug auf organisationale Veränderungen unter SYMPA zu erzielen. Die quantitative Befragung ergab, dass 52,4% der auf diesen Stationen beschäftigten antwortenden Mitarbeiter mindestens 9 Tage oder mehr Weiterbildungserfahrung hatten. Es konnte daher im Vorfeld des Samplings von einer guten Verwandtheit ihres Erfahrungswissens bei zudem hoher Vergleichbarkeit durch einen gemeinsam mit den Probandenstationen „geteilte[n] institutionell-organisatorischen Kontext der ExpertInnen" (Meuser und Nagel, 2005) ausgegangen werden. Aus den gleichen Gründen wurde auch die in der quantitativen Befragung nicht berücksichtigte Probandenstation eingeschlossen, deren Teamkonstellation sich vor 2006 aufgrund von massiven Konflikten weitgehend geänderte hatte. 2008 gaben 50,0% der antwortenden Mitarbeiter dieser Station eine Weiterbildungserfahrung von 9 Tagen oder mehr an. Da die Teilnahme an den Interviews aus ethischen Gründen freiwillig war, wurde im Sinne eines „maximum variation samplings" (Guba und Lincoln, 1989) speziell auf die Befragung von dem Projekt gegenüber kritisch eingestellten Mitarbeitern Wert gelegt. Eine Vergleichbarkeit in den Expertenäußerungen der Mitarbeiter war methodisch durch die auf Leitfaden basierenden Interviews sowie empirisch durch die gemeinsame organisatorisch-institutionelle Ausbildung der Befragten gewährleistet. Eine Pflegekraft erkrankte kurzfristig und konnte nicht befragt werden (drop-out). Insgesamt ergab sich damit für alle drei Kliniken eine Gesamtstichprobe von 56 Experteninterviews:

	Anzahl
Organisationsebene	
Gesundheits- und Krankenpfleger (inkl. 3 Stationsleitungen)	7
Ärzte (inkl. 2 Oberärzte)	4
Leitungskräfte (Chefarzt und Pflegebereichsleitung der Abteilung)	2
Therapeutische Mitarbeiter (Psychologen & Sozialpädagogen/-arbeiter)	2
Relevante Umweltebene	
Beauftragter für das Qualitätsmanagement	1
Angehörigenvertreter oder Vertreter des psychiatrischen Versorgungsnetzwerkes	3
Stichprobe n pro Klinik	**19**
drop-out	1
Gesamtstichprobe N für alle drei Kliniken	**3 x 19 – 1 = 56**

Analyse der Entstehungssituation: Interviewdurchführung

Die Interviews wurden im Rahmen einwöchiger Aufenthalte von Dr. sc. hum. Matthias Ochs (Institut für Medizinische Psychologie, Universitätsklinikum Heidelberg) und Henrike Maurer (Psychologiediplomandin an der Universität Bielefeld) sowie dem Autor der vorliegenden Arbeit in den drei Kliniken im Zeitraum Januar bis April 2008 durchgeführt. Alle Interviewer waren zu Beginn der Studie bereits hinlänglich mit den theoretischen und praktischen Inhalten Systemischer Therapie im Allgemeinen und von SYMPA im Besonderen informiert. Zudem hatten alle Interviewer je drei Probeinterviews absolviert. Einer der Interviewer (M. O.) war zum Zeitpunkt der Datenerhebung als Systemischer Therapeut (SG) bereits langjährig sowohl mit systemischer Forschung als auch mit den praktischen Implikationen ambulanten und stationären systemischen Arbeitens vertraut. Die Interviewer beabsichtigten, in die Rolle von Co-Experten zu treten, um eine symmetrische Kommunikationssituation zu begünstigen und zugleich eine hohe Inhaltsvalidität der Studie zu gewährleisten. Auf der einen Seite sollten sie aufgrund ihres systematisierten Einblicks in Theorie und Praxis Systemischer Therapie als gleichberechtigte Partner der Befragten angesehen werden, die sich in der konkreten forschungsfeldbezogenen Anwendung im Wissensvorsprung befanden. Auf der anderen Seite galt es zu vermeiden, dass den Interviewern der Status eines überlegenen Fachexperten mit „akademischen Weihen" zugeschrieben wurde. Ziel war eine von Misstrauen aufgrund der preisgegebenen Information befreite Interviewatmosphäre, die zu offenen und ehrlichen Antworten anregen sollte. Es wurde zusätzlich im individuellen Interview versucht, sich auf die Sprache des jeweiligen Mitarbeiters einzulassen. Vor Beginn jedes Gespräches wurde jedem Probanden Anonymität in Datenaufbereitung, -analyse und Ergebnispräsentation zugesichert. Schließlich wurde eine geschützte Atmosphäre durch eine äußerliche Standardisierung des Befragungssettings über einen jeweils separaten Raum in der jeweiligen Klinik als Interviewort erzeugt. Vor dem eigentlichen halbstrukturierten Interviewteil wurde über das Ziel des Gesprächs informiert und versucht eine so weit möglich vertrauensvolle Beziehung zum Befragten herzustellen. Anhand des Leitfadens wurde offen gefragt, d.h. die Befragten unterlagen keinerlei Beschränkung in ihrem Antwortverhalten: Inhalt, Form, Spezifität und Ausführlichkeit der Antwort lagen im Ermessen des jeweilig Interviewten. Eine lineare Vorgehensweise entlang des Leitfadens wurde ggf. zu Gunsten eines verzweigten Vorgehens aufgegeben, um größtmögliche Ähnlichkeit zu einer natürlichen Gesprächssituation zu begünstigen. Suggestivfragen wurden auf ein Minimum reduziert und waren ggf. mit der Bitte um Beispielnennung begleitet. Am Ende eines jeden Interviews stand jedem Befragten Zeit zur Klärung von Missverständnissen oder Angabe von Korrekturen zur Verfügung.

Formale Charakteristika des Materials: Datenaufbereitung
Vierundfünfzig Interviews wurden als MP3-Datei mitgeschnitten und nach vorher festgelegten, an Kowal & O'Connell (2004) orientierten Transkriptionsregeln in Microsoft Word® transkribiert (siehe Anhang 4). Nonverbale Elemente der Interviews (Pausen, Stimmlagen usw.) wurden nicht interpretiert und daher auch nicht

transkribiert. Inhaltlich wurde jedoch wortgetreu transkribiert, um damit den für die Analyse von geteiltem Betriebswissen geforderten Standards gerecht zu werden (Meuser und Nagel, 2005). Zwei Interviews konnten wegen technischer Ausfälle nicht aufgezeichnet werden, wurden jedoch anhand der mitgeschriebenen Kontrolle ausgewertet. Insgesamt wurden 37:32:52 Std. gesprochenes Material transkribiert. Die durchschnittliche Interviewdauer lag bei 41:43 Min. (Range: 18:37 Min. – 74:00 Min.).

3.3.4.3 Fragestellung der Analyse

Richtung der Analyse

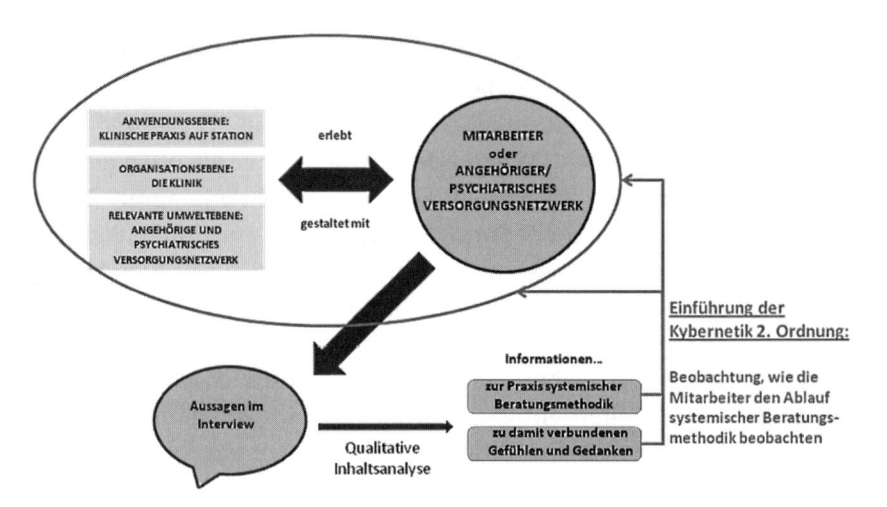

Abb. 8 – Modell zur Richtung der Analyse

Theoriegeleitete Differenzierung der Fragestellungen
Die die Analyse bestimmenden Fragestellungen sowie ihre Operationalisierungskriterien wurden bereits im **Kapitel 2.5** theoretisch abgeleitet, wie es ein leitfadengestütztes Interview erfordert.

3.3.4.4 Ablaufmodell der Analyse

Bestimmung der Analysetechnik: Inhaltliche Strukturierung mit ATLAS.ti 5.0
Die den theoretisch entwickelten Fragestellungen 2 bis 4 entsprechenden Themen, Inhalte, und Aspekte aus den Transkripten wurden herausgefiltert und zusammengefasst. In einem zweiten Schritt wurden die gefundenen Themen den postulierten Operationalisierungskriterien gelungener systemtherapeutisch erweiterter Behandlungsroutine auf allgemeinpsychiatrischen Stationen gegenübergestellt. Methodisch entsprach diese Vorgehensweise dem Verfahren der strukturierenden Inhaltsanalyse (Mayring, 2003).

Definition der Analyseeinheiten
Als Codiereinheit, den kleinsten Textbestandteil, der unten eine Kategorie/einen Code fallen durfte, wurde ein einzelner vollständiger Satz festgelegt. Als Kontexteinheit, den größten Textbestandteil der unter eine Kategorie/einen Code fallen durfte, wurde eine gesamte Antwort auf eine gestellte Frage des Interviewers bestimmt.

Entwicklung des Kategoriensystems
Bereits vor Erstellung des Interviewleitfadens wurden top-down die in Abb. 7, Kapitel 3.3.3 dargestellten *Hauptkategorien* postuliert, d.h. aus der Theorie abgeleitete Auswertungsaspekte dienten in einem ersten Schritt der Filterung relevanter Interviewaussagen bzw. ihrer entsprechenden Textsegmente. Die vier Hauptkategorien wurden in einem Probedurchlauf nach der Erhebung an sechs Interviewtranskripten (10,7% des Gesamtmaterials) durch zwei unabhängige Rater hinsichtlich ihrer Nähe zu den Fragestellungen und ihres Abstraktionsniveau validiert. Hierbei wurden die zwei zusätzlichen Hauptkategorien „Berufsgruppenübergreifende Kooperation von SYMPA" und „Passung der SYMPA-Methoden" eingeführt. Zum einen war dies hilfreich, um kooperationsbezogene Aussagen stärker vom subjektiven Erleben zu differenzieren, zum anderen

notwendig, um die häufig spontan beschriebene praktische Anwendung der Methoden auch in den Interviews zu erfassen. Insgesamt ergaben sich sechs Hauptkategorien, die definiert und damit gegeneinander abgegrenzt wurden:

> Hauptkategorie 1: Praktikabilität von SYMPA
> Hauptkategorie 2: Lokale Eigenständigkeit von SYMPA
> Hauptkategorie 3: SYMPA jenseits der Projektstationen
> Hauptkategorie 4: Subjektives Erleben von SYMPA
> Hauptkategorie 5: Berufsgruppenübergreifende Kooperation im Rahmen von SYMPA
> Hauptkategorie 6: Passung der SYMPA-Methoden

Bezüglich der hierarchischen Struktur des Kategoriensystems wurde nun eine Organisation in maximal vier Ebenen festgelegt:

> Hauptkategorie: Oberkategorie: Subkategorie: Code
> Beispiel aus ATLAS.ti:
> ✸ Praktikabilität von SYMPA: Hemmnisse: Hemmnisse im Kliniksystem: hoher Aufnahmedruck

Für die nun den Hauptkategorien zugeordneten Textabschnitte wurden dann in einem zweiten Schritt bottom-up, d.h. aus den Transkripten heraus relevante Codes gebildet. Dies beinhaltete, dass Textabschnitte gleichen Inhalts, die einer Hauptkategorie (z.B. „Praktikabilität von SYMPA") vorlagen in einem neu erschaffenen Code (z.B. „hoher Aufnahmedruck") subsumiert wurden. In der Folge wurde beim Studieren des Textes geprüft, ob die einzelnen Textstellen bereits unter das Selektionskriterium eines vorhandenen Codes fielen oder ein neuer Code zu bilden war. Zudem wurden thematisch ähnliche Codes, die unter eine Hauptkategorie fielen zur besseren Systematisierung ggf. noch einmal in einer Ober- bzw. Subkategorie (z.B. „Hemmnisse" bzw. „Hemmnisse im Kliniksystem") zusammengefasst. Es fand so ein stetiger Wechsel in der Überprüfung von Daten an theoretischen Konzepten (Deduktion) und dem Entwurf neuer Konzepte anhand der Daten (Induktion) statt. Jede Kategorie und jeder Code verwies über die zugeordnete Textstelle auf überindividuell-gemeinsam beschriebene Phänomene des untersuchten Gegenstandes. Der endgültige Codierleitfaden (über den Autor auf Anfrage zu beziehen) enthielt neben den sechs vorgegebenen Hauptkategorien 185 Variablen einschließlich 19 Oberkategorien, 8 Subkategorien und 158 Codes.

Codierung mittels ATLAS.ti 5.0

Die Codierung des Textes wurde mit der QDA-Software ATLAS.ti 5.0 vorgenommen, um eine duale Analyse des Materials zu verwirklichen:

1. Aussagen zur quasistatistischen Häufigkeit der einzelnen Kategorien und ihrer zugehörigen Codes und Gegenüberstellung mit den Operationalisierungskriterien

2. Zitation einzelner, repräsentativer Interviewinhalte sowie von Anomalien

Hierbei wurde jedoch von einem halbautomatischen Vorgehen (Suchen bestimmter Schlagwörter mit anschließender Code-Zuordnung) mittels QDA-Software abgesehen und die Codierung allein von der interpretierenden Verstehensleistung des Forschers abhängig gemacht, um den Kontext der ausgewählten Textsegmente angemessen zu berücksichtigen:

> „Coding is precisely the moment when an objection may easily arise: semantic cannot be assessed by a computer programme such as Atlas.ti; the crucial analytical assessments and decisions necessary for the coding process have to be made by a thinking subject" (Konopásek, 2008).

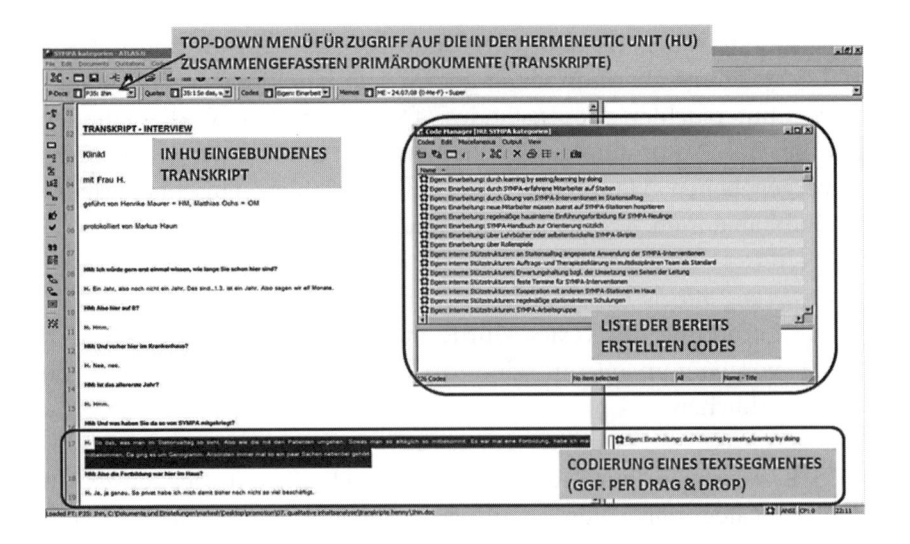

Abb. 9 – Benutzeroberfläche von ATLAS.ti 5.0 und Codierungsvorgang

Der Screenshot in Abb. 9, Kapitel 3.3.4.4 zeigt die Benutzeroberfläche von ATLAS.ti 5.0. Alle Primärdokumente – im vorliegenden Fall alle 55 Interviewtranskripte im Dateiformat von Microsoft Word® – wurden in eine hermeneutische Einheit (HU) eingebunden und in einer zentralen Datei organisiert. Anschließend wurden die Datentexte gelesen, Textsegmente markiert und schließlich Codes zugeordnet. Wurde ein bereits vorhandener Code verwendet, konnte dieser aus der automatisch erstellten Codeliste per Drag & Drop auf das markierte Textsegmente angewandt werden. Besonders markante oder zitierungswürdige Aussagen wurden zusätzlich als potentiell zitierbare Textstellen gekennzeichnet. Der Codeliste lässt sich auch die Anzahl der jeweils einem Code zugeordneten Textstellen entnehmen, was eine quasistatistische Häufigkeitsangabe zu den Interviewaussagen erlaubt (siehe Abb. 10, Kapitel 3.3.4.4).

Name	Grounded	Density	Author	Created	Modified
Eigen: Einarbeitung: durch learning by seeing/learning by doing	27	0	Super	18/05/...	28/12/...
Eigen: Einarbeitung: durch SYMPA-erfahrene Mitarbeiter auf Station	24	0	Super	12/03/...	30/07/...
Eigen: Einarbeitung: durch Übung von SYMPA-Interventionen im Stationsalltag	1	0	Super	15/07/...	28/12/...
Eigen: Einarbeitung: neue Mitarbeiter müssen zuerst auf SYMPA-Stationen hospitieren	1	0	Super	12/06/...	28/12/...
Eigen: Einarbeitung: regelmäßige hausinterne Einführungsfortbildung für SYMPA-Neulinge	2	0	Super	18/06/...	28/12/...
Eigen: Einarbeitung: SYMPA-Handbuch zur Orientierung nützlich	21	0	Super	12/03/...	28/12/...
Eigen: Einarbeitung: über Lehrbücher oder selbstentwickelte SYMPA-Skripte	8	0	Super	03/07/...	28/12/...
Eigen: Einarbeitung: über Rollenspiele	3	0	Super	16/07/...	28/12/...
Eigen: interne Stützstrukturen: an Stationsalltag angepasste Anwendung der SYMPA-Interventionen	6	0	Super	16/06/...	30/07/...
Eigen: interne Stützstrukturen: Auftrags- und Therapiezielklärung im multidisziplinären Team als Standard	6	0	Super	27/02/...	28/12/...
Eigen: interne Stützstrukturen: Erwartungshaltung bzgl. der Umsetzung von Seiten der Leitung	19	0	Super	18/05/...	30/07/...

Abb. 10 – ATLAS.ti: Automatisch generierte Codeliste mit Häufigkeiten

In der Folge wurden die Codes zu Gruppen in „Familien" organisiert werden, welche den Haupt- bzw. Oberkategorien entsprachen. Die Visualisierung der Ergebnisse erfolgte durch Erstellen semantischer network views, welche im Rahmen der Dateninterpretation konstruierte Zusammenhänge zwischen den Codes visualisierten. Zusätzlich wurde in der vorliegenden Arbeit auf die Memo-Funktion von ATLAS.ti zurückgegriffen, hauptsächlich um den Kontext der im Folgenden zitierten Textstellen und die ihnen zugehörigen Hypothesen festzuhalten.

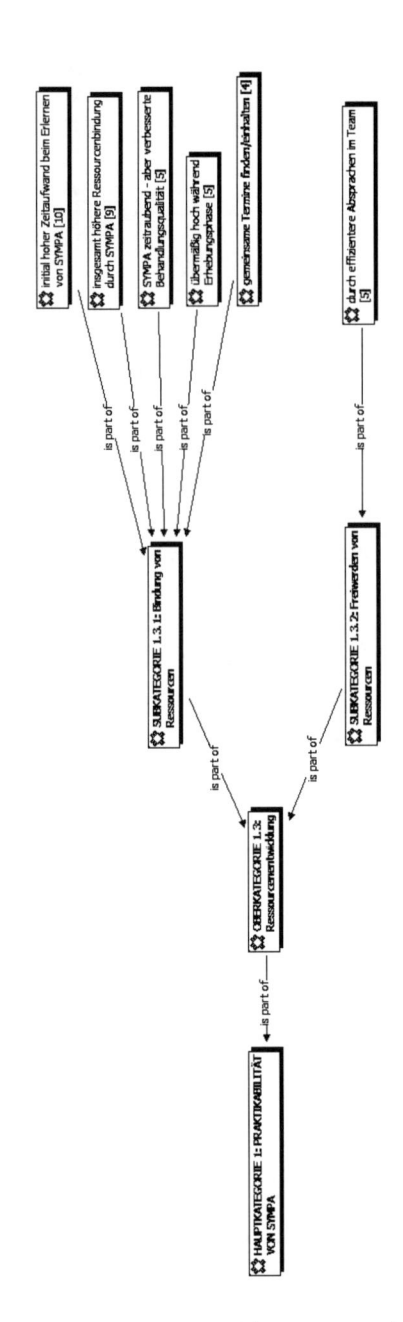

Abb. 11 – ATLAS.ti: Beispiel für ein network view

Konstruktions- und Zuordnungsregeln im Rahmen der Codierung
Jeder neue Code wurde hinsichtlich der unten zusammenzufassenden Textbestandteile anhand eines Ankerbeispiels eindeutig definiert. Hinsichtlich der Paraphrasierung sollte das Abstraktionsniveau des jeweiligen Codenamens so hoch wie nötig, aber so niedrig wie möglich gewählt werden – ausschmückende Textbestandteile wurden hier zugunsten einer grammatikalischen Kurzform weggelassen. Innerhalb eines Interviews war es gestattet, denselben Code mehrfach zu vergeben, um sich wiederholende Aussageinhalte als ein Zeichen für erhöhte Bedeutungsbeimessung auf Seiten des Interviewten zu erfassen. Dabei bestand die Gefahr, dass die Aussagen eines Interviews u. U. einen gesamten Code auffüllen. Daher wurden nach Analyseende die einzelnen in einem Code enthaltenen Aussagen auf Autorenvariabilität geprüft. Codes, die zu über 50% aus Aussagen eines Mitarbeiters bestanden wurden aufgelöst.

3.3.4.5 Gütekriterien der qualitativen Inhaltsanalyse
Die klassischen Gütekriterien psychologischer Tests bestehen aus dem Maß der Reliabilität als „Stabilität und Genauigkeit der Messung sowie der Konstanz der Meßbedingungen" (Friedrichs, 1973) sowie aus dem Maß der Validität als Gültigkeit, „ob das gemessen wird, was gemessen werden sollte" (Friedrichs, 1973). Diese Kriterien sind nach weitem Konsens zwischen namhaften qualitativen Forschern, z. B. Kessler (1997) oder Mayring (2003) nicht unmittelbar auf verbale Daten aus Interviews anwendbar. Dieses Problem ist bereits aus der psychopathologischen Diagnostik bekannt, die anhand leitfadengestützter Explorationsgespräche psychisches Erleben systematisch in Symptomen zu objektivieren sucht. Der methodische Schwachpunkt etablierter halbstrukturierter Manuale, wie z. B. des AMDP-Systems, besteht vor allem darin, dass „wegen der Komplexität des Interaktionsgeschehens mehrere Subformen der jeweiligen Gütekriterien getrennt zu bewerten sind" (Fähndrich und Stieglitz, 2007). Dabei gilt für Experteninterviews ebenso wie für die Patientenbefragung, dass

„Ratingverfahren sich jedoch nicht beliebig in ihrer Reliabilität erhöhen [lassen], da mindestens vier Einflussfaktoren relevant sind: Messinstrument, Rater, Patient und die Interaktion Rater x Patient. Insbesondere die Interaktion lässt sich nicht so normieren, dass für Beurteiler und Patient kein oder wenig Spielraum offen bleibt" (Fähndrich und Stieglitz, 2007).

Der methodische Anspruch speziell der qualitativen Inhaltsanalyse liegt in der Differenziertheit des Kategoriensystems selbst – je detaillierter es konstruiert ist, umso höher ist seine inhaltliche Aussagekraft, desto schwieriger sind jedoch zuverlässige Ergebnisse im Sinne der Nachvollziehbarkeit zu erzielen (Ritsert, 1972). Daher wurden von Krippendorff (2003) eigene inhaltsanalytische Gütekriterien vorgeschlagen:

Semantische Gültigkeit bestimmt, inwieweit die Definitionen der Kategorien, die damit verbundenen Ankerbeispiele und die Codierregeln angemessen und möglichst exakt gewählt wurden. Diskussionen im Forscherteam sind dabei nützlich, um „extensive Sinnauslegungen zu ermöglichen und vorschnelle Fixierungen zu verhindern" (Froschauer und Lueger, 2005). Die semantische Gültigkeit wurde in der vorliegenden Arbeit durch Expertenurteile von vier qualitativ forschenden Mitarbeitern der Sektion Medizinische Organisationspsychologie am Institut für Medizinische Psychologie des Universitätsklinikum Heidelberg geprüft. Zudem wurden die jeweils den Kategorien zugeordneten Textstellen auf Homogenität geprüft.

Stichprobengültigkeit wurde bei der theoriegeleiteten Stichprobenkonstruktion für die Grundgesamtheit aller in SYMPA-involvierten Personen – sowohl von den Stationen, als auch aus dem Stationsumfeld – unter repräsentativen wie auch ökonomischen Überlegungen angestrebt. Im Vergleich mit der Studie von Zwack & Schweitzer (2007) zu systemtherapeutischen Arbeiten in der Akutpsychiatrie zeigt sich folgendes Bild:

Bar chart data

Gruppe	Haun 2008	Zwack & Schweitzer 2007
Externe	21%	0%
therapeutische Mitarbeiter	11%	12%
Ärzte	26%	24%
Gesundheits- und Krankenpfleger	42%	64%

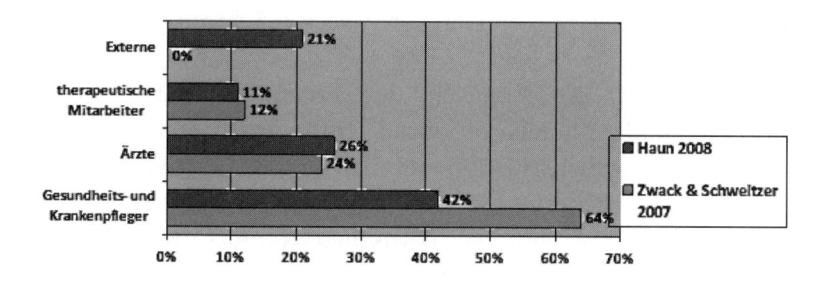

Abb. 12 – Vergleich der Interviewstichproben 2007 und 2008

In der vorliegenden Studie wurden im Gegensatz zu 2007 zusätzlich Externe einbezogen, was unter ökonomischen Gesichtspunkten eine verringerte Gewichtung der anteilsmäßig am stärksten vertretenen Gruppe der Gesundheits- und Krankenpflege ergab (Abb. 12, Kapitel 3.3.4.5). Insgesamt war damit für 2008 mit einer gegenüber 2007 stärkeren Gewichtung der Ärzte und therapeutischen Mitarbeiter gegenüber der Gesundheits- und Krankenpflege auszugehen. Durch die hohe Gesamtzahl an Interviews proportional über alle Berufsgruppen hinweg (N = 56) wurde eine hohe externe Validität angestrebt. Deren systematisierte Analyse wurden durch den Einsatz von QDA-Software erleichtert, wobei mit Pope et al. (2000) noch einmal der grundsätzliche Anspruch bezüglich der Repräsentativität qualitativer Studien relativiert werden muss:

> „The prospect of computer assisted analysis may persuade researchers […] that they can manage much larger amounts of data and increase the apparent 'power' of their study. However, qualitative studies are not designed to be representative in terms of statistical generalisability, and they may gain little from an expanded sample size except a more cumbersome dataset."

Korrelative Gültigkeit anhand von Validierung durch Korrelation mit einer Untersuchung ähnlicher Fragestellung erfolgt in der Auswertung zum einen durch Methodentriangulation mit den quantitativen Daten und zum anderen durch Vergleich der erzielten Ergebnisse mit den Ergebnissen von Zwack & Schweitzer (2007).

Konstruktvalidität als Abgleich der Ergebnisse mit etablierten Theorien und Modellen wurde verfolgt, indem für jede Fragestellung spezifische Operationalisierungskriterien festgelegt wurden. Diese etablierten Kontextvariablen für systemtherapeutisches Arbeiten im psychiatrischen Kontext (Nicolai et al., 2001b; Schweitzer et al., 2007c) wurden als Prüfparameter auf die Ergebnisse angewandt. Zudem erfolgte im Hintergrund der Analyse ständig mitlaufend ein „cross-checking" auf innere Stimmigkeit des Datenmaterials im Sinne eines themenbezogenen Vergleichs einzelner Interviews (Meuser und Nagel, 2005).

Insgesamt liegt die Stärke der qualitativen Vorgehensweise in ihrer *internen Validität (Gültigkeit)*, da sie durch Einsatz angemessener Methoden und unabhängige Analyse derselben Daten durch mehrere Forscher den „Kern des Problems" trifft (Greenhalgh, 2005). Diese Tiefenschärfe wird weniger dadurch erreicht, dass die verschiedenen beteiligten Untersucher zu einem Analysekonsens mit sich durch Wiederholung als gleich erweisenden Ergebnissen kommen. Vielmehr geht es um eine Gegenüberstellung und Ergänzung der von den einzelnen Forschern gefundenen Dateninterpretationen (Malterud, 2001b). Die für den einzelnen Untersucher wichtigste Maßnahme zur Sicherung der Prozessqualität liegt in einer transparenten Selbstreflektion der Dateninterpretation. Die mit dem theoriegeleiteten Vorgehen aus der Fachliteratur entwickelten sensibilisierenden Konzepte, also im Wesentlichen das theoretische Rahmenmodell und die resultierenden Fragestellungen bildeten dabei schließlich die Vorannahmen der Analyse.

> *„It required only a modest conceptual leap to consider behavior to be an essential component of the organismic system, and behavioral development to be understood in terms of biological and social features of the system."*
>
> *[R. B. Cairns (1983)]*

4. Ergebnisse

4.1 ANWENDUNGSEBENE: DIE PRAXIS SYSTEMTHERAPEUTISCH ERWEITERTER BEHANDLUNGSPRAXIS AUF DEN PROJEKTSTATIONEN

4.1.1 Die Ergebnisse des Systemischen Interventionsfragebogen (SIFB)

4.1.1.1 Systemische Weiterbildungserfahrung der Mitarbeiter 2008

Die Weiterbildungserfahrung in Systemischer Therapie der antwortenden Mitarbeiter für 2008 ist Abb. 13, Kapitel 4.1.1.1 zu entnehmen. 52,9% von ihnen wurden mindestens 18 Tage geschult, was in diesem Umfang (150 Std.) dem einjährigen Grundkurs der dreijährigen Ausbildung „Systemische Therapie und Beratung" nach den Richtlinien der systemtherapeutischen Fachverbände (DGSF/SG) entspricht. Für die weniger Weiterbildungserfahrenen (39,2%) ist zu vermuten, dass es sich dabei um im Laufe des Projekts hinzugekommene Mitarbeiter handelte. Untermauert durch die Tatsache, dass 49,0% der Mitarbeiter erst zwischen null und fünf Jahren auf ihrer aktuellen Station im Einsatz waren, konnte dies als erster Hinweis auf hohe Fluktuation auf den Projektstationen gedeutet werden. Dabei lässt sich hervorheben, dass selbst bei den Ärzten, die v.a. aus in Rotation befindlichen Assistenzärzten bestanden (80,0% mit zwischen null und fünf Jahren Berufserfahrung auf der aktuellen Station) ein hohes Weiterbildungsniveau (50,0% mit 18 Tagen und mehr) erreicht

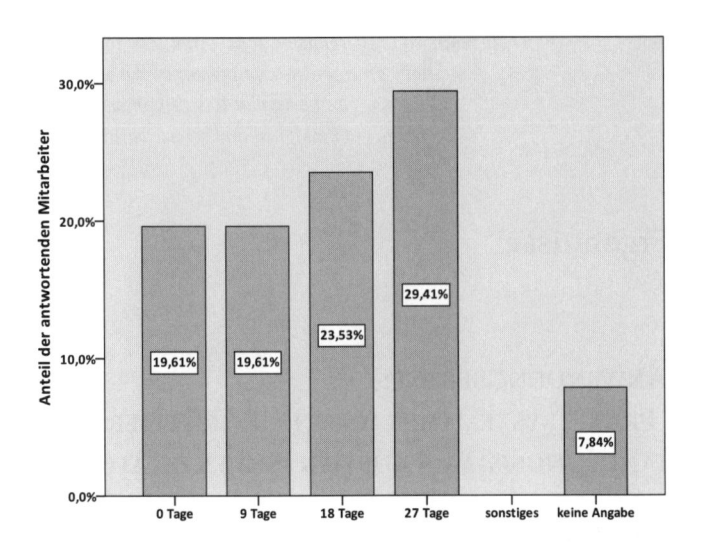

Abb. 13 – Weiterbildungserfahrung der Antwortenden

werden konnte. Das Weiterbildungsniveau der Ärzte entsprach damit in etwa dem der Pflege (52,8% mit 18 Tagen und mehr). Die übrigen Therapeuten, worunter u. a. Psychologen und Sozialarbeiter subsumiert wurden, wiesen das höchste Weiterbildungsniveau auf (60,0% mit 18 Tagen und mehr).

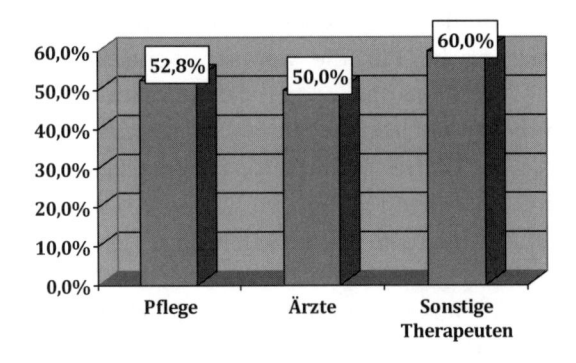

Abb. 14 – Anteil der Mitarbeiter mit 18 Tagen und mehr Weiterbildungserfahrung

Insgesamt zeigen diese Ergebnisse, dass die Kliniken ein homogenes Weiterbildungsniveau auch über die verschiedenen Berufsgruppen hinweg erreicht haben (Abb. 14, Kapitel 4.1.1.1). Dabei hat mehr als die Hälfte der Weitergebildeten de facto den einjährigen Grundkurs der Ausbildung „Systemische Therapie und Beratung" nach den Richtlinien der systemtherapeutischen Fachverbände (DGSF/SG) vollzogen.

4.1.1.2 Personalfluktuation im Verlauf des Projektes
Angesichts gesundheitsökonomischer Umstrukturierungen war auch für die Probandenstationen eine hohe Personalfluktuation zu erwarten. Im SIFB wurden die Mitarbeiter daher nach ihrer Berufserfahrung auf der aktuellen Station gefragt. Abb. 15, Kapitel 4.1.1.2 zeigt die errechneten Häufigkeiten, welche die erwartete Fluktuation bestätigten. 49,0% der antwortenden Umfrageteilnehmer waren 2008 erst weniger als fünf Jahre auf ihrer aktuellen Station eingesetzt. Insgesamt 78,7% blieben mit ihrer Stationserfahrung unter zehn Jahren, was in Anbetracht der Tatsache, dass die Untersuchung in Landeskrankenhäusern durchgeführt wurde besonders hervorzuheben ist. Im Allgemeinen ist hier strukturell eher von einer höheren Konstanz der Mitarbeiterbesetzung auszugehen als in universitären Zentren.

In den Ausführungen zur Weiterbildungserfahrung wurde bereits erwähnt, dass die ärztliche Berufsgruppe besonders von einer hohen Fluktuation betroffen war. 80,0% von ihnen waren weniger als fünf Jahre auf ihrer aktuellen Station tätig, was neben der in Rotation organisierten Facharztausbildung aktuell auch durch die allgemeine Bewegung auf dem ärztlichen Arbeitsmarkt (z.B. Abwanderung ins Ausland) zu begründen sein könnte.

		Häufigkeit	Prozent	Gültige Prozente
Gültig	unter 5 Jahre	25	49,0	53,2
	zwischen 5 und unter 10 Jahren	12	23,5	25,5
	zwischen 10 und unter 15 Jahren	7	13,7	14,9
	zwischen 15 und unter 20 Jahren	2	3,9	4,3
	20 Jahre und mehr	1	2,0	2,1
	Gesamt	47	92,2	100,0
Fehlend	keine Angabe	4	7,8	
Gesamt		51	100,0	

Abb. 15 – Stationsbezogene Berufserfahrung der Mitarbeiter

Diese häufigen Personalwechsel auf ärztlicher Seite bestätigten auch entsprechende mündliche Mitteilungen im Rahmen der Erhebung: In einer Klinik wechselte eine sehr engagiert für das Projekt eintretende Ärztin in die Ambulanz. Den gleichen Weg ging ein Assistenzarzt in einer zweiten Klinik, während ein anderer Kollege ins Ausland und ein weiterer ärztlicher Mitarbeiter die Abteilung wechselte. Größtes Problem stellte jedoch – v. a. aus Sicht der Pflege – die kurze ausbildungsbedingte Einsatzdauer der Assistenzärzte auf der jeweiligen Station dar:

> „Bei gewissen Ärzten, die sehr viel mit SYMPA arbeiten, da kann man bei Visite oder Aufnahme schon direkt merken: Der hat eine andere Weise, zu fragen. Die Stations- und Assistenzärzte, die wechseln auch sehr viel. Die aus der Neurologie, die kennen das gar nicht. Da dann vernünftig in SYMPA eingearbeitet zu werden – das dauert. Bis dahin sind die meistens dann schon weg."
> [Gesundheits- und Krankenpfleger]

4.1.1.3 Anwendungshäufigkeit der vier Grundinterventionen systemtherapeutisch erweiterter Behandlungspraxis 2008 insgesamt

Auftrags- und Therapiezielklärung

Die Auftrags- und Therapiezielklärung erwies sich im SIFB als ein Instrument mit *hoher Anwendungshäufigkeit*: 86,2% der Mitarbeiter gaben an, sie würde bei mehr als 75% der Patienten angewandt (Abb. 16, Kapitel 4.1.1.3). Betrachtet man nur die Mitarbeiter mit 18 Tagen Weiterbildungserfahrung oder mehr, so erreicht dieser Wert sogar 88,9% – offensichtlich erwies sich das Instrument als umso hilfreicher, je vertrauter der Anwender damit war.

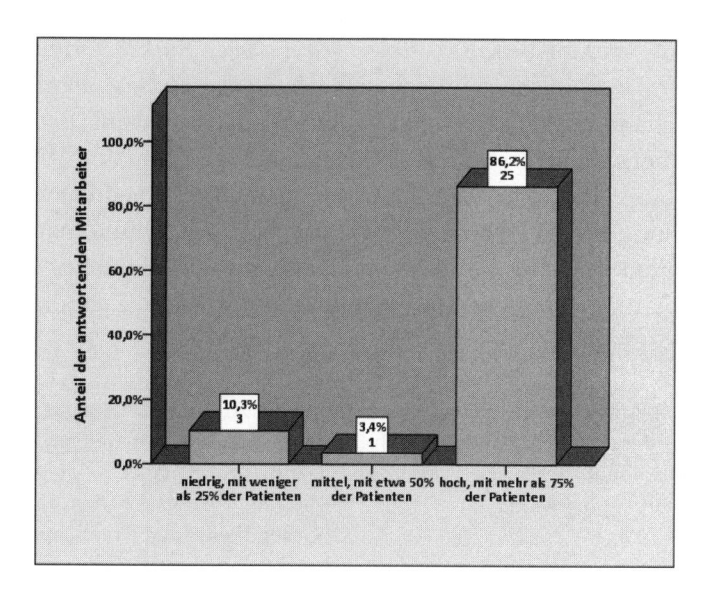

Abb. 16 – Anwendungshäufigkeit der Auftrags- und Therapiezielklärung

Nahezu alle Befragten (96,1%) gaben an, die Auftrags- und Therapiezielklärung sei zudem Teil des Dokumentationssystems auf Station gewesen. Diese Ergebnisse wurden durch die Aussagen in den Interviews gestützt. Hier wiesen 12 Aussagen auf eine gute Praktikabilität hin:

„Was gar nicht mehr diskutiert wird und in die Dokumentation eingegangen ist, ist die Auftragsklärung. Das muss jeder machen und in die Dokumentation eintragen und abhaken. Das ist fest implementiert als Grundlage."

[Gesundheits- und Krankenpflegerin]

Die stringent verfolgte Dokumentation bot dabei im weiteren Therapieverlauf zum einen dem Patienten den Vorteil, das Behandlungsteam auf sein dort formuliertes Bedürfnis hinzuweisen. 80,4% der Mitarbeiter gaben an, dass dies auch tatsächlich geschah. Zum anderen ermöglichte es umgekehrt etwa bei nachlassender Motivation des Patienten dessen Konfrontation mit seiner initialen Zielsetzung und damit ggf. einen Impuls zur erneuten Einbindung in den Therapieprozess. Eine *gemeinsame Rücküberprüfung im weiteren Therapieverlauf* erwies sich als *außerordentlich wichtig*, um den Behandlungskonsens aufrechtzuerhalten oder im Extremfall wiederherzustellen. Da auf Akutstationen bei Aufnahme etwa die Beurteilung bezüglich der Notwendigkeit einer medikamentösen Einstellung oft divergiert oder die psychotische Symptomatik sehr ausgeprägt ist, schien gerade die Überprüfung im Hinblick auf die Formulierung eines Therapieziels zu einem späteren Zeitpunkt sehr sinnvoll:

„Ich finde die regelmäßige Überprüfung der Auftragsklärung gut, zu der dann auch die Therapiezielplanung gehört. Die gestaltet sich oft sehr, sehr schwierig und zäh. Dann bringt einen erst die Überprüfung weiter."

[Gesundheits- und Krankenpflegerin]

Ambivalent wurde die Durchführbarkeit dieser Intervention bei problematischeren Patienten beurteilt. Hierzu gab es sehr gegensätzliche Aussagen in den verschiedenen Interviews. So wurde etwa bezüglich Patienten mit einer Persönlichkeitsstörung vom Borderline-Typ berichtet:

> „Mir fehlen doch ein bisschen, gerade in der Behandlung von Persönlichkeitsstörungen, tiefenpsychologische Aspekte. Wenn man z.b. bei der Frage der Auftragsklärung bleibt, das ist mit Borderline-Patienten nicht so unmittelbar hinzukriegen."
>
> [Arzt]

Aus einem anderen therapeutischen Selbstverständnis wurde dem die stärkere Sensibilisierung für Verantwortlichkeiten entgegengehalten:

> „Gerade Patienten mit einer BPD-Struktur profitieren von Zielvereinbarungen außerordentlich. Das Entscheidende dabei ist, dass die Zielvereinbarungen geerdet sind und dass sie realistisch sind. Ich sehe die besondere Verantwortung auf der Therapeutenseite an der Stelle, den Fokus auf die Realisierbarkeit dieser Ziele nicht zu verlieren."
>
> [Arzt]

Zusätzlich erschwert wurde die Auftrags- und Therapiezielklärung, wenn der Patient fremdmotiviert untergebracht wurde. Im SIFB gaben 60% der Mitarbeiter an, dass jedoch auch noch mit mindestens der Hälfte der Fälle eine anfängliche Klärung des Behandlungsauftrags möglich war (Abb. 17, Kapitel 4.1.1.3).

In der akuten Aufnahmesituation waren die Auftraggeber dann oft nicht direkt ansprechbar, so dass ein klärendes Gespräch nicht zu organisieren war:

> „Wir haben einen hohen Anteil an Patienten, die nach PsychKG oder betreuungsrechtlich untergebracht sind, und dann müsste man ja für eine Auftragsklärung die Auftraggeber mit reinholen in Gespräche. Und die stehen im Rahmen der Aufnahmesituation nicht unmittelbar zur Verfügung. Das wird dann sehr aufwendig, das zu etablieren."
>
> [Arzt]

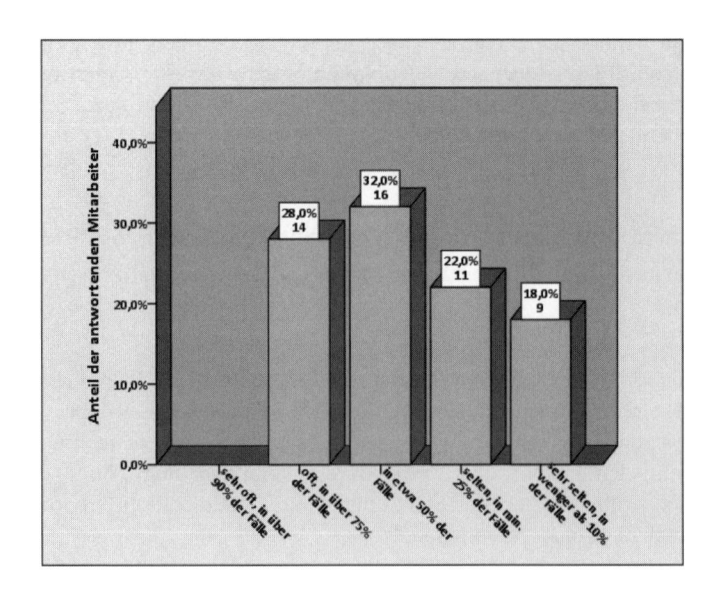

Abb. 17 – Auftrags- und Therapiezielklärung bei fremdmotivierter Aufnahme

Aber auch bei eigenmotiviert aufgenommenen Patienten konnte die Anwendung dieser auf deren Mitinitiative abzielenden Intervention problematisch werden. Einige Patienten waren mit dem von therapeutischer Seite zugewiesenen Expertenstatus überfordert – sie wollten zunächst einmal hauptsächlich Verantwortung abgeben. Stellvertretend beschrieb ein Mitarbeiter diese Situation und wie mit ihr umgegangen wurde:

> „Also viele wollen doch bei uns gerne erst einmal Verantwortung abgeben. Viele kommen ja doch in relativen Krisen zu uns und wenn die dann doch wieder gleich so gefordert werden, sagen müssen, was sie alles an Therapien bei uns machen wollen und erwarten, das finden viele erst mal nicht so gut. Wenn jemand sagt, ich will einfach nur eine Auszeit nehmen und in Ruhe gelassen werden, dann ist das halt so."
>
> [Gesundheits- und Krankenpfleger]

Die mit diesem Instrument verbundene Einnahme der Patientenperspektive führte jedoch insgesamt auf Patienten- wie auf therapeutischer Seite zu positiven Effekten. Auf der einen Seite wurde damit laut den Mitarbeitern (70,6 %) die Aufenthaltsdauer bei mindestens der Hälfte der Patienten (Abb. 18, Kapitel 4.1.1.3) stärker begrenzt, was in den Interviews exemplarisch wie folgt beschrieben wurde:

> „In den Jahren zuvor haben wir sehr viel länger therapeutisch gearbeitet und jetzt gucken wir viel mehr auf Auftragsklärung, Zielvereinbarung, wo kann es hingehen, um dann auch den Durchlauf zu erhöhen, um die anderen zu entlasten und die hohe Aufnahmezahl zu verarbeiten in der Kooperationseinheit. Wir verlegen viel mehr auch auf andere Stationen oder entlassen auch deutlich schneller."
>
> [Ärztin]

Auf der anderen Seite bewirkte eine gelungene Auftrags- und Therapiezielklärung zusätzlich *für das Stationsteam eine Entlastung und damit Erhöhung der Arbeitszufriedenheit*, indem mit fremdmotivierten Aufträgen transparenter umgegangen werden konnte.

> „Die Auftragsklärung hat mehr Zufriedenheit geschaffen. Wir müssen nicht jeden überzeugen, dass Medikamente das Allheilmittel sind. Wir müssen nicht jeden zwangsuntergebrachten Patienten überzeugen, dass das jetzt eine gute Sache ist. Wir können uns mal mit dem Patienten in ein Boot setzen und sagen, er ist gezwungen hierher zu kommen, und wir sind gezwungen dem Richter eine Antwort zu geben. Das hat viel Erleichterung geschaffen und auch Zufriedenheit."
>
> [Ärztin]

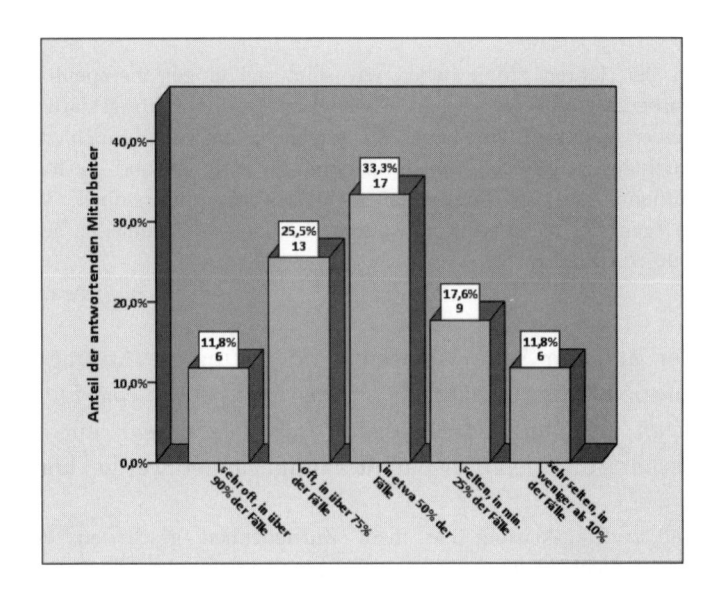

Abb. 18 – Auftrags- und Therapiezielklärung und Dauer des Patientenaufenthalts: Wie oft trägt die Intervention zur Begrenzung des stationären Aufenthalts bei?

Genogramminterview

Das Genogramminterview erwies sich im SIFB als ein Instrument mit *niedriger Anwendungshäufigkeit*: 40,0% der Mitarbeiter gaben an, es sei mit weniger als 25% der Patienten praktiziert worden (Abb. 19, Kapitel 4.1.1.3).

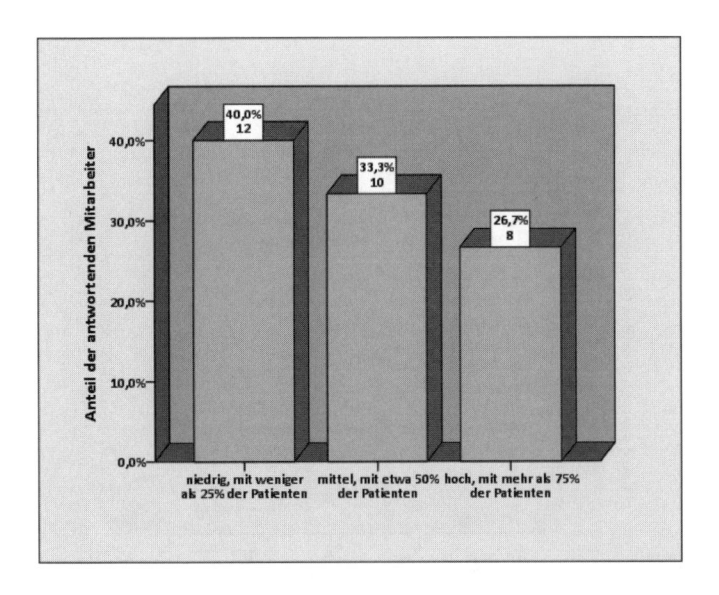

Abb. 19 – Anwendungshäufigkeit des Genogramminterviews

78,4% der Mitarbeiter meinten zudem, das Genogramminterview sei Teil des Dokumentationssystems auf Station gewesen.

Hinsichtlich der an einem Genogramminterview teilnehmenden Berufsgruppen befragt, gab der Großteil der Teammitglieder (44,9 %) an, dass es nur *von der Pflege und dem Patienten bestritten* wurde. Auf die therapeutische Beziehung hin angesprochen äußerten 72,0% der Mitarbeiter, dass das Genogramminterview einen mindestens eher stark bessernden Einfluss darauf hatte (Abb. 20, Kapitel 4.1.1.3).

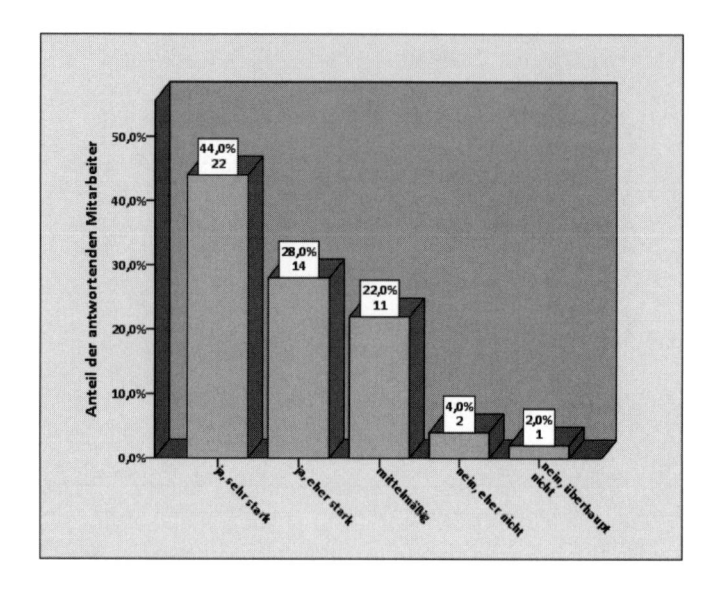

Abb. 20 – Intensivierung der therapeutischen Beziehung durch den Einsatz des Genogramminterviews

Damit in Übereinstimmung zeigte sich in den Interviews, dass mit dem Genogramminterview die für systemisches Vorgehen charakteristische *wertschätzende Haltung* zum Ausdruck kam:

> „Was wir immer wieder hören, wenn wir mit den Patienten Genogrammarbeit machen, ist, dass sie sich sehr wertgeschätzt fühlen. Sie sagen, die interessieren sich ja für mich als Mensch, nicht nur als der mit der Psychose oder der mit der und der Zwangsstörung, sondern die wollen wirklich was über mich wissen.

Es ist dann auch später einfacher, weil man bei Neuaufnahmen eine Fülle von Informationen hat. Wenn man sich an gewisse Dinge wieder erinnert, dann kommt der Kontakt einfach besser zustande. Also das hat natürlich auch damit zu tun, dass wir einfach Zugriff auf die Daten wieder haben und entspannt in kritischen Aufnahmesituationen ganz oft die Lage."

[Gesundheits- und Krankenpfleger]

Offensichtlich eignet sich das Genogramminterview *besonders für immer wieder aufzunehmende „Drehtür-Patienten"*, bei denen nachhaltig auf die Informationen zum patientenbezogenen Problemsystem zurückgegriffen werden kann und damit *Anknüpfungspunkte für weitere Interventionen* identifiziert werden können:

„Wir erstellen Genogramme, um die dann auch nachhaltig nutzen zu können. Da hat man immer gleich einen Überblick, wenn der Patient kommt. Holt man das Genogramm raus, hat man einen kurzen Ablauf von seiner ‚Psychiatriekarriere'. Das ist auch im Aufnahmegespräch sehr hilfreich, weil man da auch verschiedene Anknüpfungspunkte findet."

[Gesundheits- und Krankenpfleger]

Ein individuell angepasster Einsatz dieses Instruments erscheint unabdingbar. So warnte etwa ein Mitarbeiter in diesem Zusammenhang vor zu stark aufdeckendem Vorgehen im Hinblick auf eine vorhandene paranoide Symptomatik des Patienten:

„Was kontinuierlich bleibt ist Genogrammarbeit. Aber das kommt dann immer auf die Patienten an, z.B. paranoide Patienten lassen ungern sich ausfragen. Da merkt man natürlich schon, dass die eher sagen, nein danke, das möchte ich nicht."

[Gesundheits- und Krankenpfleger]

Systemisches Familiengespräch
Das systemische Familiengespräch erwies sich im SIFB als ein Instrument mit *hoher Anwendungshäufigkeit*: Die Mehrzahl der Mitarbeiter (56,7%) gaben an, es sei mit mehr als 75% der Patienten praktiziert worden (Abb. 21, Kapitel 4.1.1.3).

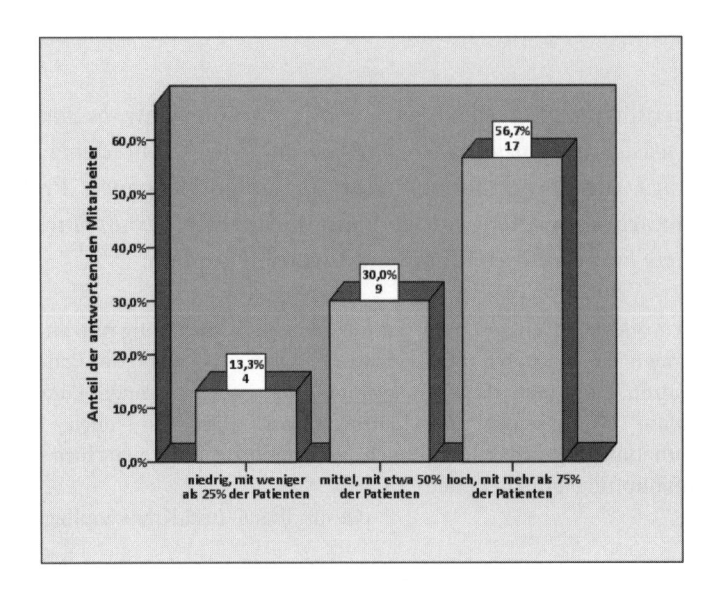

Abb. 21 – Anwendungshäufigkeit des systemischen Familiengesprächs

Diese Beurteilung erwies sich über sämtliche Weiterbildungsniveaus konstant. Laut einem Großteil der Befragten (35,3%) werden durchschnittlich 1-2 systemische Familiengespräche/Woche durchgeführt (Abb. 22, Kapitel 4.1.1.3).

Durchschnittlich nahmen laut der Mehrheit der Befragten (52,9%) zwei Stationsmitarbeiter am Familiengespräch teil, wobei sich hinsichtlich der durchschnittlichen Gesprächsdauer kein einheitliches Bild gewinnen ließ: sie lag meist zwischen 30 und 60 Minuten. 70,6% der Mitarbeiter gaben an, dass eine feste Räumlichkeit für Familiengespräche bestand und laut 29,4% wurde auf der Station ein Terminplaner zu deren Organisation genutzt.

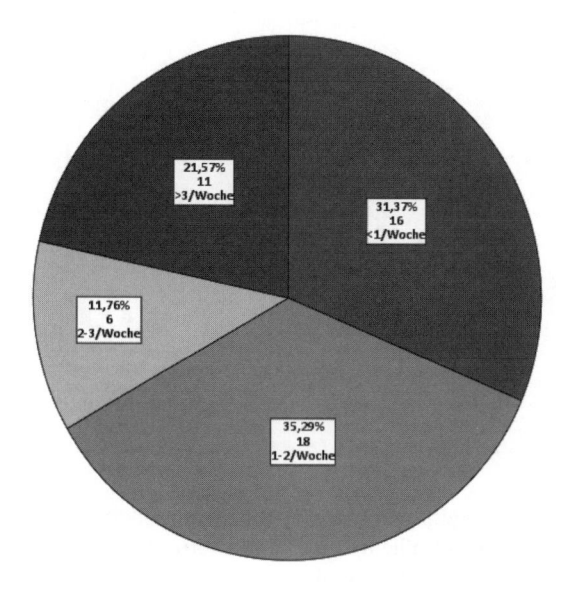

Abb. 22 – Anzahl der systemischen Familiengespräche pro Woche

Auf die therapeutische Beziehung hin angesprochen äußerten 84,3% der Mitarbeiter, dass das Familiengespräch einen *stark vertrauensbildenden Einfluss* darauf hatte (Abb. 23, Kapitel 4.1.1.3).

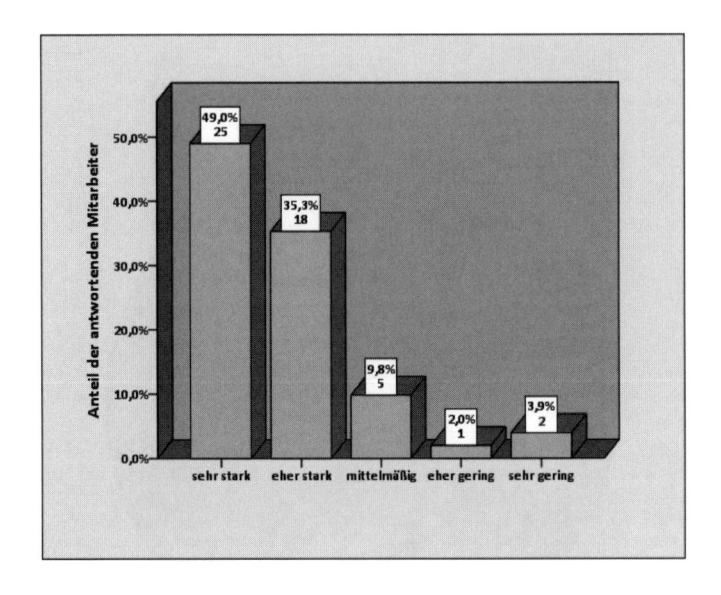

Abb. 23 – Familiengespräch & Therapeut-Klienten-Beziehung: Wie tragen systemische Familiengespräche zur Vertrauensbildung und Patientenkooperation bei?

Aus den Interviews ist zu erfahren, dass der vormals psychoedukative Charakter der Angehörigengespräche *nun stärker therapeutisch geprägt* ist:

> „Die Familiengespräche, die ich mitbekommen hab in der kurzen Zeit bevor SYMPA angefangen hat, waren schon etwas anders. Es war eher so ein bisschen Information der Angehörigen, was passiert jetzt mit dem Patienten, wie geht es weiter. Nun kann man gerade Probleme gezielter bearbeiten, gerade Konflikte unter Familienangehörigen, die zum Auslöser der Krankheit führten. Das ist effizienter geworden über die Jahre."
>
> [Gesundheits- und Krankenpfleger]

Reflecting Team

Das Reflecting Team erwies sich im SIFB als Intervention mit *niedriger Anwendungshäufigkeit*: Die Mehrzahl der Mitarbeiter (89,3%) gab an, es sei weniger als ein Mal pro Woche durchgeführt worden (Abb. 24, Kapitel 4.1.1.3).

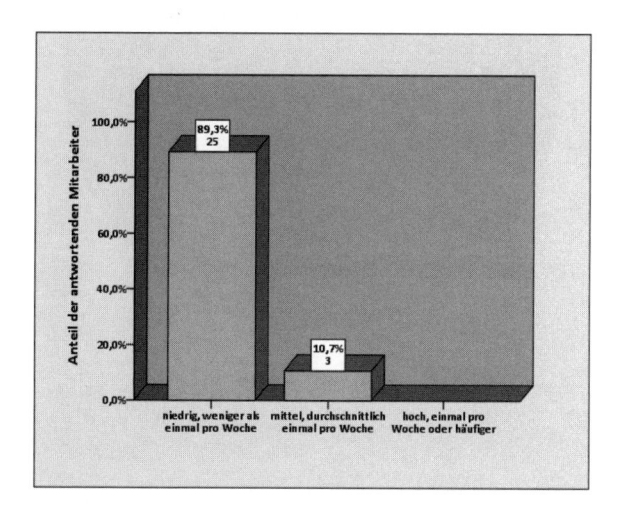

Abb. 24 – Anwendungshäufigkeit des Reflecting Teams

Obwohl 79,6% der Mitarbeiter dieser Intervention einen positiven Einfluss auf den therapeutischen Prozess zuwiesen (Abb. 25, Kapitel 4.1.1.3), scheint sie wenig angewandt zu worden zu sein.

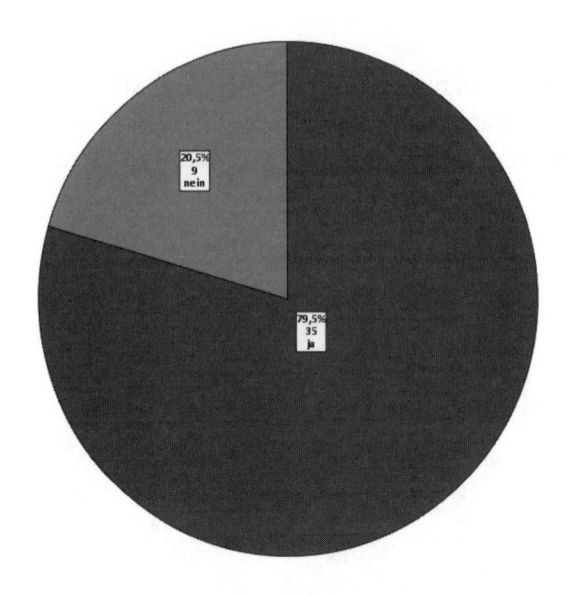

Abb. 25 – Positiver Einfluss des Reflecting Teams auf den therapeutischen Prozess

In den Interviews fanden sich Hinweise (12 Nennungen) darauf, dass das Reflecting Team einen zu hohen logistischen Aufwand erforderte, um im von wechselnder Stationsbesetzung und Personalmangel geprägten Arbeitsalltag kontinuierlich etabliert werden zu können:

> „Was für uns immer organisatorisch schwierig ist, ist Reflecting Team. Also wir reden oft davon, wir machen es eigentlich selten. Oftmals sind es so organisatorische Sachen, die dem im Weg stehen, weil zu wenige Leute da sind. Wir bemühen uns zwar immer sehr, aber es ist doch ein Aufwand natürlich, alle irgendwie immer an einen Tisch zu kriegen."
>
> [Ärztin]

Dennoch stellte das Reflecting Team – wenn es denn durchgeführt werden konnte – oft einen Höhepunkt im Arbeitsleben der Mitarbeiter da. Gerade dadurch, dass „hautnah" miterlebt werden kann, wie Patienten neue Perspektiven auf ihre Biographie gewinnen, ermöglicht das Reflecting Team auch für die Professionellen ein positives Feedback und Motivation für die alltägliche Arbeit:

> „Wir hatten in einer Intervision eine Patientin, bei der ich wirklich auch selbst gedacht habe: Ist das frustrierend! Sie war so schwierig. Wir hatten sie schon zwei Mal besprochen als Fall. Dann war die Patientin in der Teamsitzung, und wir hatten die andere Station als Reflecting Team anwesend. Da kamen wirklich wunderbare Sachen raus. Ich fand sehr schön, dass die Patientin nachher gesagt hat, das und das habe ich noch nie so gesehen. Sie hatte Erkenntnisse für sich daraus. Das fand ich ziemlich positiv."
> [Gesundheits- und Krankenpflegerin]

4.1.1.4 Anwendungshäufigkeit der vier Grundinterventionen systemtherapeutisch erweiterter Behandlungspraxis auf den Projektstationen 2008 im Vergleich

Im Weiteren wurden die Mittelwerte der Anwendungshäufigkeit der vier Grundinterventionen aus dem SIFB stationsbezogen miteinander verglichen. Der Wert 0 bezeichnet dabei die Anwendungshäufigkeit „niedrig, mit weniger als 25% der Patienten", der Wert 1 „mittel, mit etwa 50% der Patienten" und der Wert 2 „hoch, mit mehr als 75% der Patienten". Aus bis zum Abschluss der Studie unbekannten Gründen machte Probandenstation 2 keinerlei Angaben zu den Anwendungshäufigkeiten der Interventionen. Abb. 26, Kapitel 4.1.1.4 zeigt die Ergebnisse des Mittelwertvergleichs per univariater Varianzanalyse. Es zeigten sich keine statistisch signifikanten Unterschiede über die Stationen hinweg für die Mittelwerte der Anwendungshäufigkeit von Auftrags- und Therapiezielklärung sowie systemischem Familiengespräch. Für diese Interventionen konnte angenommen werden, dass sie auf den verschiedenen Stationen etwa auf gleichem Niveau etabliert worden sind.

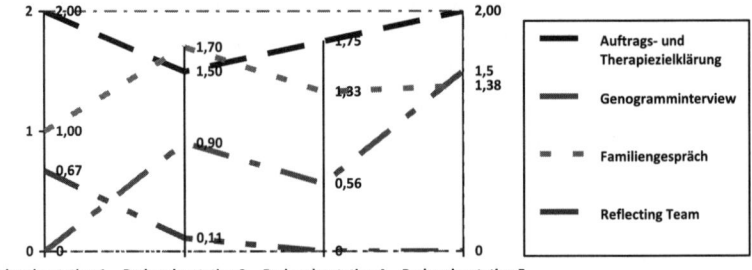

Abb. 26 – Stationsbezogene Anwendungshäufigkeit der vier Grundinterventionen
(y-Achse: Mittelwerte der Stationen mit 0 = „niedrig, mit weniger als 25% der Patienten"; 1 = „mittel, mit etwa 50% der Patienten"; 2 = „hoch, mit mehr als 75% der Patienten")

Die Mittelwerte von Genogramminterview und Reflecting Team hingegen schwankten beträchtlich zwischen den Stationen. Während zum Beispiel das Genogramminterview für Probandenstation 1 ein Anwendungsniveau von nahezu null zeigte, lag der Mittelwert für Probandenstation 5 zwischen „mittel, mit etwa 50% der Patienten" und „hoch, mit mehr als 75% der Patienten". Die Differenzen der Mittelwerte waren im Stationsvergleich statistisch signifikant mit p=.15 (F = 4.190) für Genogramminterview und p=.004 (F = 5.776) für Reflecting Team (Abb. 27, Kapitel 4.1.1.4). Im Post-Hoc-Mehrfachgleich mit Neutralisierung der Alphafehler-Kumulierung nach Bonferroni konnten die Ergebnisse für das Signifikanzniveau α=.05 weiter differenziert werden: die mittlere Anwendungshäufigkeit des Genogramminterviews war auf Probandenstation 5 signifikant höher als auf Probandenstation 1. Das Reflecting Team wurde – bei insgesamt sehr niedriger Nutzung – hingegen auf Probandenstation 1 signifikant häufiger als auf allen anderen Stationen umgesetzt.

ONEWAY ANOVA

		Quadratsum me	df	Mittel der Quadrate	F	Signifikanz
Anwendungshäufigkeit der Auftrags- und Therapiezielklärung	Zwischen den Gruppen	1.310	3	.437	1.092	.371
	Innerhalb der Gruppen	10.000	25	.400		
	Gesamt	11.310	28			
Anwendungshäufigkeit des systemischen Familiengesprächs	Zwischen den Gruppen	1.392	3	.464	.863	.473
	Innerhalb der Gruppen	13.975	26	.538		
	Gesamt	15.367	29			
Anwendungshäufigkeit des Genogramminterviews	Zwischen den Gruppen	6.344	3	2.115	4.190	.015
	Innerhalb der Gruppen	13.122	26	.505		
	Gesamt	19.467	29			
Anwendungshäufigkeit des Reflecting Teams	Zwischen den Gruppen	1.123	3	.374	5.776	.004
	Innerhalb der Gruppen	1.556	24	.065		
	Gesamt	2.679	27			

Abb. 27 – Anwendungshäufigkeit der vier Grundinterventionen im stationären Vergleich (Ergebnisse der univariaten Varianzanalyse)

4.1.2 Anwendung systemtherapeutisch erweiterter Behandlungspraxis 2005 bis 2008 im Verlauf: Die Ergebnisse der Checkliste Systemische Akutpsychiatrie (CSA)

Im Folgenden werden nun – aufgrund der oben beschriebenen nicht möglichen Zuordnung der einzelnen Datensätze – nur die Mittelwerte auf verschiedenen Dimensionen der Checkliste Systemische Akutpsychiatrie (CSA) zu den Messzeitpunkten 2005, 2006 bis 2008 verglichen.

Auftrags- und Therapiezielklärung

Der Nutzungsgrad wird auch 2008 von fast der Hälfte der Mitarbeiter (49,0%) als sehr hoch beschrieben, direkt nach der Weiterbildung 2005 hatten allerdings noch fast zwei Drittel aller Teammitglieder (65,2%) diese Einschätzung (Abb. 28; Kapitel 4.1.2). Der Anteil derjenigen hingegen, welche von einem eher hohen Nutzungsgrad ausgingen stieg zwischen 2005 und 2008 um 11,9%. Insgesamt zeigt sich diese Intervention damit auch im Langzeitverlauf ohne erneute externe Weiterbildungsimpulse mit minimalen Verlusten sehr gut etabliert.

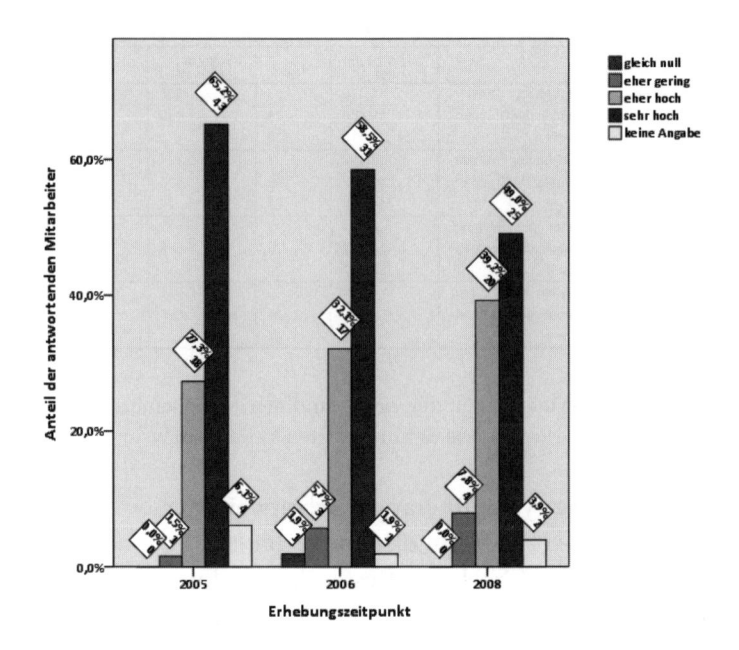

Abb. 28 – Nutzungsgrad der Auftrags- und Therapiezielklärung im Langzeitverlauf

Die Auftrags- und Therapiezielklärung erweist sich dabei vor allem als ein sehr effizientes Instrument, um mit knappen zeitlichen und personellen Ressourcen möglichst viel Information zum Problemsystem zu erhalten.

Nach dem Verhältnis von Aufwand zu Ertrag befragt, beschreiben 86,3% der Mitarbeiter dieses mindestens als gut (Abb. 29, Kapitel 4.1.2). Kurz nach Weiterbildungsende 2005 waren 89,4% einer gleichen Einschätzung. Diese Ergebnisse unterstreichen die Praktikabilität dieser Intervention auch im Langzeitverlauf.

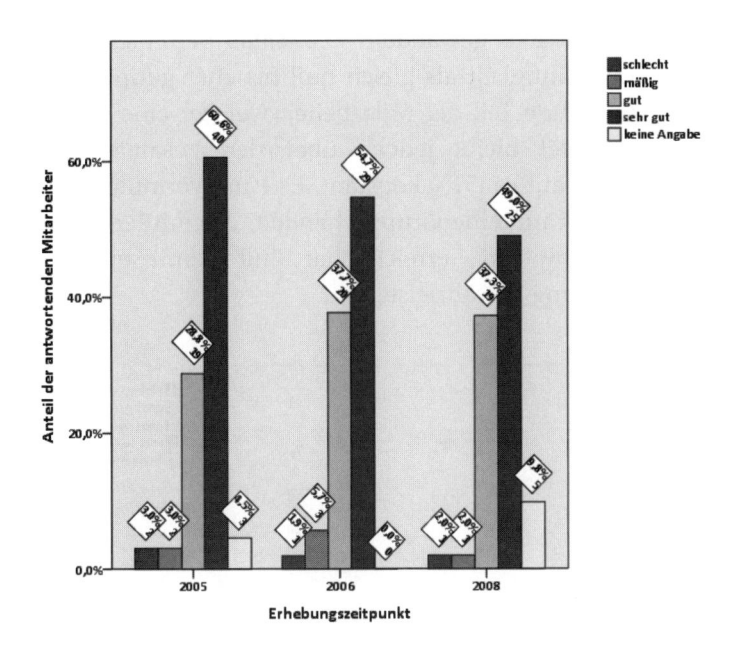

Abb. 29 – Aufwand-/Ertragsverhältnis der Auftrags- und Therapiezielklärung im Langzeitverlauf

Genogramminterview
Bereits unmittelbar nach der Weiterbildung 2005 gestalteten sich die Einschätzungen hinsichtlich der Anwendungshäufigkeit des Genogramminterviews sehr unterschiedlich (Abb. 30, Kapitel 4.1.2). Je etwa ein Viertel der Befragten hielten den Nutzungsgrad damals bereits entweder für höchstens eher gering oder aber für sehr hoch. Dieses Bild hat sich 2008 gewandelt: 39,2% aller Befragten schätzen die Anwendungshäufigkeit als gleich null bis eher gering ein. Der weitaus überwiegende Teil der Mitarbeiter, welcher eine eher hohe Nutzung beobachtet bleibt jedoch über den gesamten Untersuchungszeitraum mit ca. 51% konstant. Es kann vermutet werden, dass es sich hierbei um eine Gruppe handelt, die mittlerweile eine gute Methodenkompetenz erreicht hat und damit eine kontinuierliche Etablierung gewährleistet.

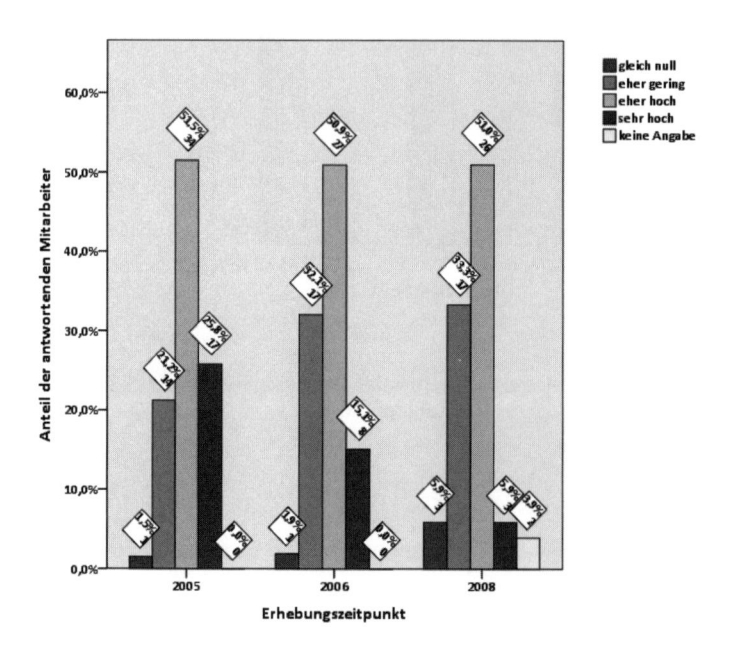

Abb. 30 – Nutzungsgrad des Genogramminterviews im Langzeitverlauf

Die Ergebnisse zum Aufwand-/Ertragsverhältnis stützen die Eindrücke, die bereits die Interviewaussagen mit den auf den Stationen Tätigen entstehen ließen (Abb. 31, Kapitel 4.1.2). Der Anteil der Mitarbeiter, die hier zu der Einschätzung „sehr gut" kamen ist deutlich gesunken. Die große Mehrheit der Befragten scheint jedoch weiterhin einen hohen Nutzen aus der gemeinsamen Genogrammarbeit mit dem Patienten zu ziehen und beschreiben demzufolge eine „gute" Effizienz. Möglicherweise spiegelt sich hier auch der in den Interviews beschriebene Trend, hin zur Reservierung des Genogramminterviews für immer wieder aufzunehmende Patienten wieder.

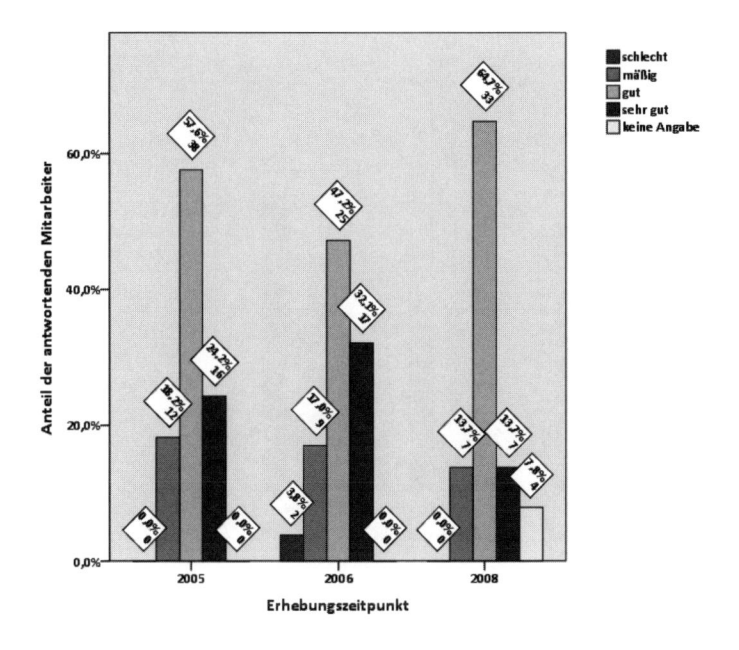

Abb. 31 – Aufwand-/Ertragsverhältnis des Genogramminterviews im Langzeitverlauf

Systemisches Familiengespräch
Als eines der zentralen Elemente der systemtherapeutisch erweiterten Behandlungspraxis waren systemisch geführte, d. h. vor allem von Zirkulärem Fragen geprägte Familiengespräche vorgesehen. In der CSA zeigt sich, dass auch 2008 über zwei Drittel (74,6%) der Mitarbeiter von einer eher hohen Anwendungshäufigkeit ausgehen (Abb. 32, Kapitel 4.1.2), wobei deutlich mehr von ihnen nun von einer sogar sehr hohen Nutzung ausgehen (37,3% im Jahr 2008 vs. 20,8% 2006).

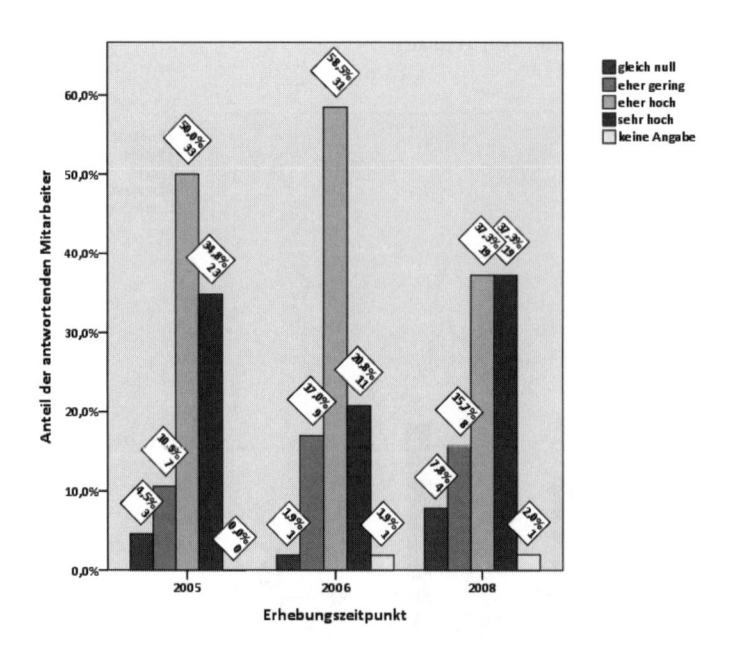

Abb. 32 – Nutzungsgrad des Systemischen Familiengespräches im Langzeitverlauf

Bemerkenswert ist dabei, dass speziell diese Intervention eine konstant hohe Freude an der therapeutischen Arbeit mitzubedingen scheint. Sechs von zehn Mitarbeitern geben diese Einschätzung ohne Einschränkung ab (Abb. 33, Kapitel 4.1.2).

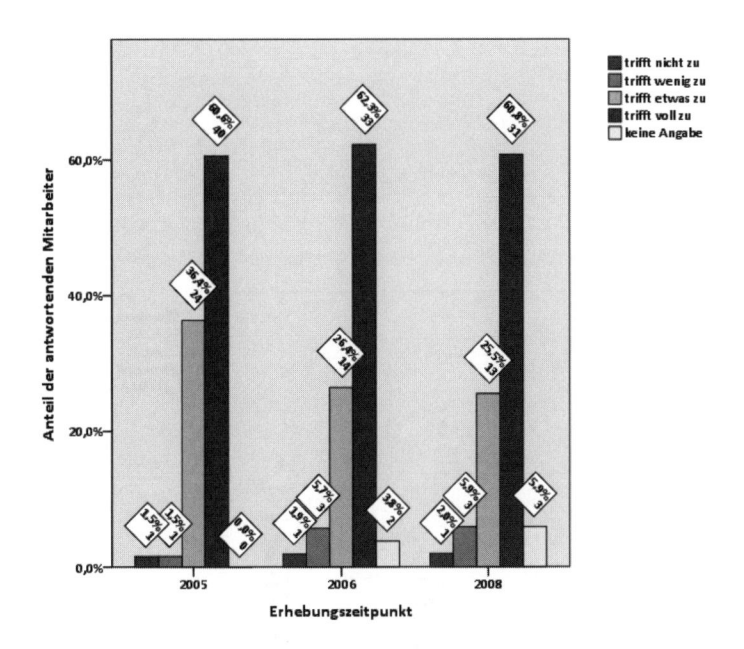

Abb. 33 – Freude an der Durchführung Systemischer Familiengespräche im Langzeitverlauf

In Übereinstimmung damit werden die Gespräche im Langzeitverlauf im subjektiven Erleben von zunehmend mehr Mitarbeitern effizienter durchgeführt. In unserer Befragung gingen mittlerweile 45,1% von einem sehr guten Aufwand-/Ertragsverhältnis aus, während 2005 nur 25,8% zu dieser Beurteilung kamen (Abb. 34, Kapitel 4.1.2).

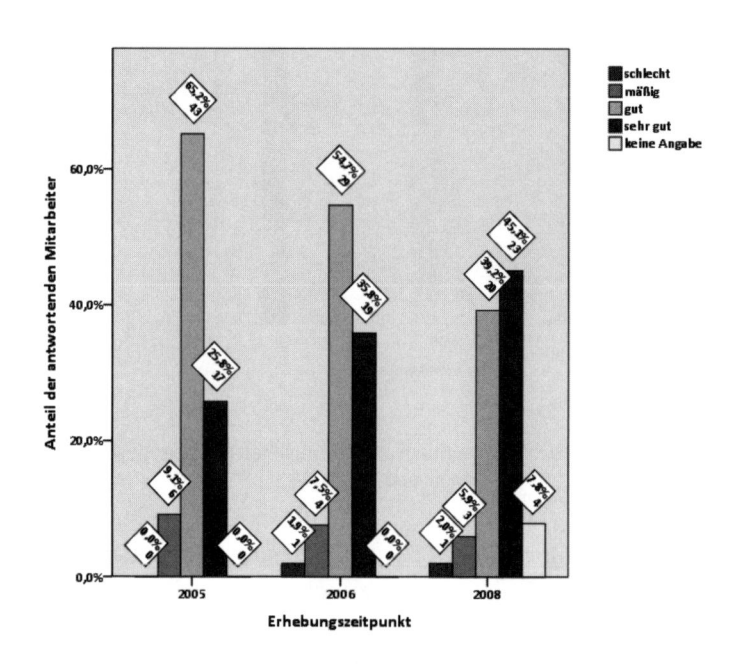

Abb. 34 – Aufwand-/Ertragsverhältnis des Systemischen Familiengesprächs im Langzeitverlauf

Reflecting Team
Für kaum eine andere Intervention hat sich das Profil der Inanspruchnahme derartig gewandelt wie für das Reflecting Team. Gingen 2005 noch 87,7% der Befragten von einem mindestens „eher hohen" Nutzungsgrad aus, sind 2008 nur noch 29,4% dieser Einschätzung (Abb. 35, Kapitel 4.1.2).

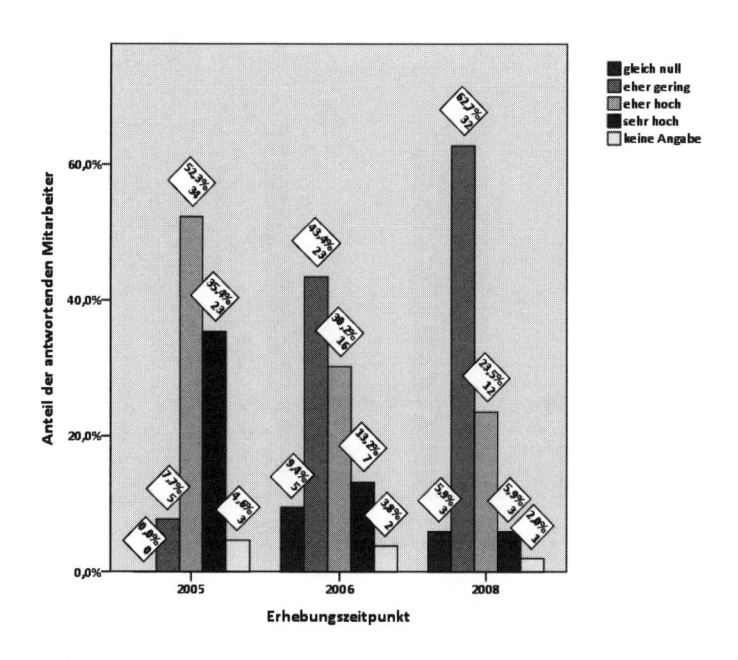

Abb. 35 – Nutzungsgrad des Reflecting Teams im Langzeitverlauf

Über zwei Drittel der Stationsmitarbeiter beurteilen die Anwendungshäufigkeit allenfalls als eher gering. Demgegenüber steht weiterhin eine von einem großen Teil der Mitarbeiter (47,1%) als äußerst hoch empfundene Freude bei der Anwendung (Abb. 36, Kapitel 4.1.2). Zieht man den enormen logistischen Aufwand und die hohe Bindung von personellen wie zeitlichen Ressourcen in Betracht, welchen diese Methode erfordert, so erstaunt es, dass weiterhin weit mehr als die Hälfte der Befragten (52,9% mit der

Einschätzung „gut", 11,8% mit der Einschätzung „sehr gut") zu der Einschätzung kommt, von der Durchführung auch angesichts der vorher betriebenen Aufwandes zu profitieren (Abb. 37, Kapitel 4.1.2).

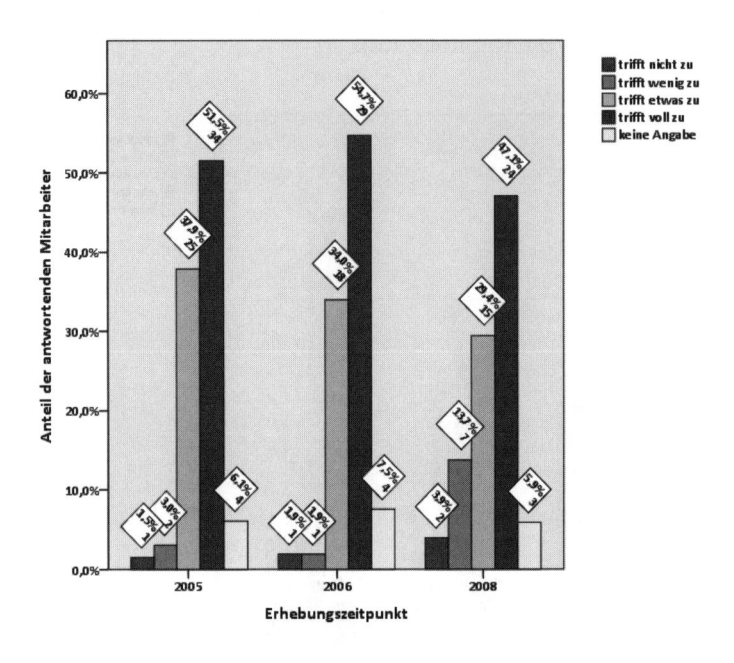

Abb. 36 – Freude an der Durchführung von Reflecting Teams im Langzeitverlauf

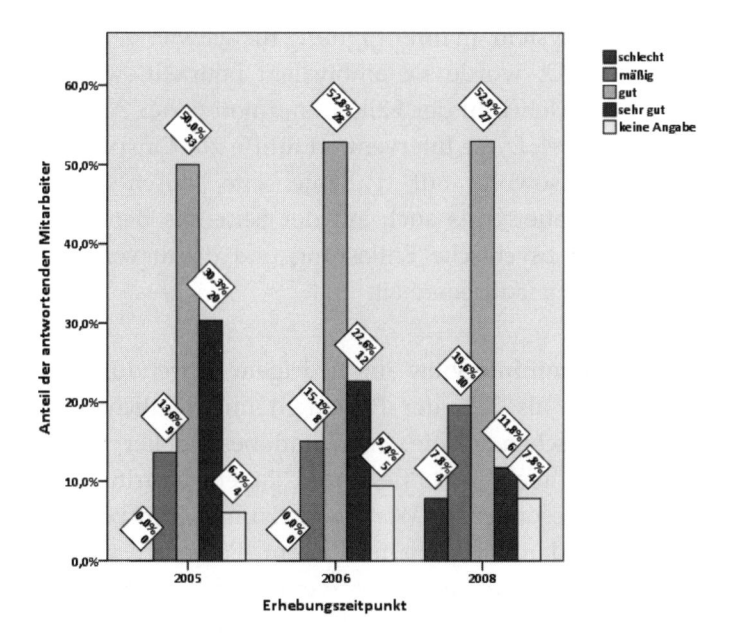

Abb. 37 – Aufwand-/Ertragsverhältnis der Durchführung von Reflecting Teams im Langzeitverlauf

4.1.3 Zusammenfassung

Abb. 38, Kapitel 4.1.3 gibt noch einmal einen Gesamtüberblick über alle in der Hauptkategorie „Passung der SYMPA-Methoden". Insgesamt lässt sich hinsichtlich der Passung von Methoden systemischer Praxis in den alltäglichen Ablauf auf den allgemeinpsychiatrischen Stationen festhalten, dass

- die **Auftrags- und Therapiezielklärung** mit hohem Anwendungsniveau (mit mehr als 75% der Patienten) über alle Stationen hinweg implementiert werden konnte. Sie wurde flächendeckend in die Dokumentation integriert und verlangte eine regelmäßige Überprüfung zur gelungeneren Strukturierung des Therapieablaufs. Auch im Langzeitverlauf ist dies die zentrale Intervention zur schnellen Informationssammlung über das Problemsystem. In ihrer Eignung für schwierige Patienten, etwa mit BPD, wurde sie ambivalent beurteilt, war jedoch auch in der Mehrzahl der Fälle fremdmotivierter Aufnahmen gut praktikabel. Diese Intervention führte zur Einsparung von Ressourcen sowohl auf Patientenseite durch geringere Aufenthaltsdauern, als auch auf der Seite des Behandlungsteams durch psychische Entlastung und damit verbundener erhöhter Arbeitszufriedenheit.

- das **Genogramminterview** auf niedrigem Anwendungsniveau (mit weniger als 25% der Patienten) mit deutlichen Unterschieden zwischen den einzelnen Stationen etabliert wurde. Es wurde meist allein von Pflege und Patient bestritten, diente aber als besonderes Werkzeug zum Transport einer wertschätzenden Grundhaltung dem Patienten gegenüber. Sehr geeignet war diese Intervention bei immer wieder aufzunehmenden „Drehtür-Patienten", bei denen es als Anknüpfungspunkt für neueinsetzende bzw. weiter-führende Therapien fungierte.

- das **systemische Familiengespräch** auf hohem Anwendungsniveau (mit mehr als 75% der Patienten) über alle Stationen hinweg integriert und auch im Langzeitverlauf stabil praktikabel war. Als nützlich erwiesen sich dabei meist 1-2 Gespräche pro Woche und Patient mit jeweils einer Dauer von 30 bis 60 Minuten. Eine feste Räumlichkeit für diese Intervention konnte mehrheitlich eingeführt werden. Seine besondere Rolle hatte das Familiengespräch durch seinen stark vertrauensbildenden Charakter, der zu einer gelungenen Therapeut-Klienten-Beziehung beitrug. Es gestaltete sich in seiner zirkulär geprägten Form stärker therapeutisch und fallrekonstruierend als die etablierten psychoedukativen Gespräche. Im subjektiven Erleben der Mitarbeiter erzeugte diese Intervention im Langzeitverlauf die höchste Zufriedenheit bei zunehmend effizienterer Umsetzung.

- das **Reflecting Team** auf niedrigem Anwendungsniveau (mit weniger als 25% der Patienten) praktiziert wurde. Im Langzeitverlauf ergab sich ein deutlicher Rückgang in der Nutzung. Einigen Stationen gelang die Umsetzung überhaupt nicht mehr. Bei einem als positiv beurteilten Einfluss auf den therapeutischen Prozess erwies sich der hohe Organisationsaufwand dieser Intervention als Hindernis. Wenn es realisiert werden konnte, stellte es für viele Mitarbeiter einen Höhepunkt im Arbeitserleben dar, der das „hautnahe" Erleben von positivem Feedback zu ihrer Tätigkeit möglich machte.

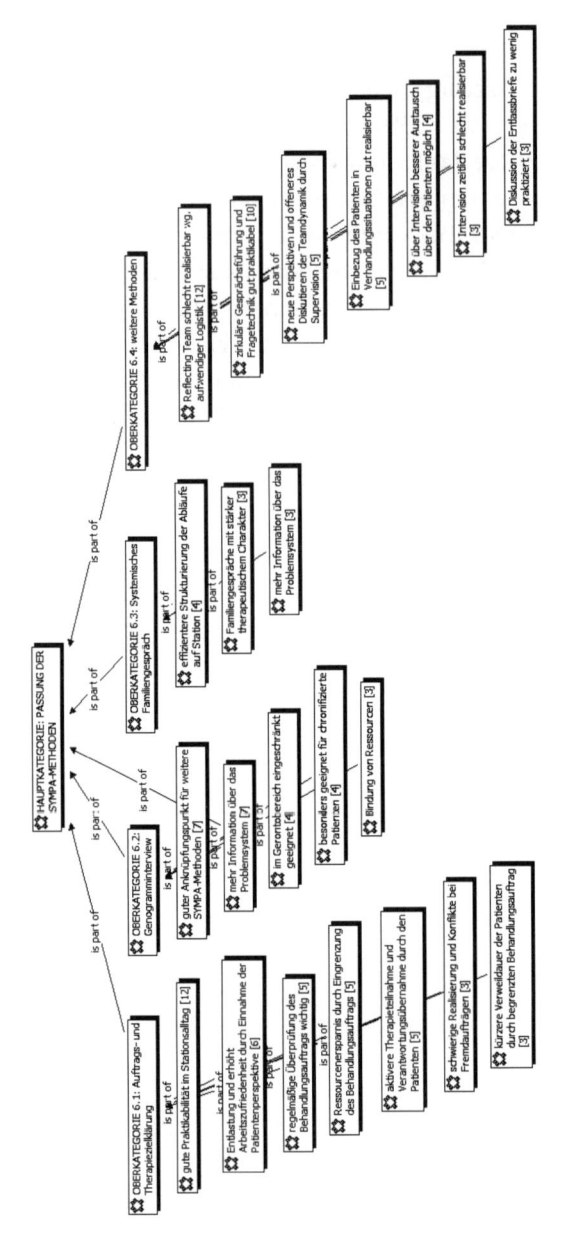

Abb. 38 – network view der Hauptkategorie 6 „Passung der SYMPA-Methoden"

4.2 Organisationsebene: Die Wirkung systemtherapeutisch erweiterter Behandlungspraxis innerhalb der Klinik

4.2.1 Kontextvariablen einer systemisch-psychiatrischen Organisationskultur

4.2.1.1 Initiative der Führung

Sowohl zu Beginn als auch im weiteren Verlauf organisationsentwickelnder Projekte gilt die Motivation und Unterstützung der Führung einer Klinik als wesentliche Voraussetzung für deren erfolgreiche Implementierung. Im Rahmen der vorliegenden Studie wurde postuliert, dass eine von den Impulsen externer Fortbildungen unabhängige, dauerhafte Anwendung der SYMPA-Methoden ebenfalls von der diesbezüglichen Haltung der Klinikleitung abhängig war. Innerhalb der Hauptkategorie 2 „Lokale Eigenständigkeit von SYMPA" (Abb. 39, Kapitel 4.2.1.1) fanden sich dieser Hypothese entsprechend 24 Aussagen, die unter den Code „Erwartungshaltung bzgl. der Umsetzung von Seiten der Leitung" fielen. Eine die Anwendung der trainierten Interventionen einfordernde Einstellung der Klinikleitung war damit die am häufigsten genannte klinikinterne Stützstruktur, die gewissermaßen im Hintergrund die Abteilungsprioritäten vorstrukturierte:

> „Ich glaube auch, dass durch die Veränderung der Abteilung insgesamt, also dass hier auf einer Ebene die Erwartungshaltung von außen herangetragen wurde, SYMPA von den Mitarbeitern dieser Station schon wahrgenommen wird und dann umgesetzt wird."
>
> [Arzt]

Dabei wurde an einigen Stellen von den Mitarbeitern jedoch auch eine generelle Dissonanz zwischen den von Zeitdruck geprägten Rahmenbedingungen und den Vorgaben der Leitung bemerkt:

> „Aber was mir schon sehr negativ aufstößt, sind realitätsferne Erwartungshaltungen, die Leitungen an Mitarbeiter richten und

äußern, wie z. B. die Erwartung, dass ungeachtet aller strukturellen und personellen Rahmenbedingungen erwartet wird, dass die Qualität der Arbeit unvermindert anhält. Das bezieht sich aber nur bedingt auf SYMPA."

[therapeutischer Mitarbeiter]

Für die vor Ort agierenden Mitarbeiter ergab sich die Gefahr einer Frustration im doppelten Sinne, da sie zum einen die Erwartungen der Leitungen nur bedingt erfüllen und zum anderen über weite Strecken nur eine Minimalversorgung der Patienten gewährleisten konnten. Anschaulich wurde dies von einem Arzt beschrieben:

„Also was mir auch immer so zugetragen wurde, jetzt haben wir ein Standard von 25 Betten, der gehalten wird. Wir haben manchmal 27, 28 Patienten auf der Station zu versorgen. Und 25 ist der Schnitt – den muss man ja erreichen. Wenn man den erreichen will, muss man mindestens 27 nehmen. Das wird als große Belastung empfunden, also als Mehrbelastung. Das führt dann dazu, dass man schon mal eher Fließbandarbeit machen muss, also unbefriedigt nach Hause geht, weil man nicht allen gerecht werden kann."

[Arzt]

Demgegenüber erschien eine möglichst fundierte Ausbildung in Systemischer Therapie auch für neue Mitarbeiter eminent wichtig, um die Techniken für Mitarbeiter entsprechend direkt verfügbar zu machen. Wie innerhalb der Hauptkategorie 2 „Lokale Eigenständigkeit von SYMPA" ersichtlich, setzten die Kliniken dabei auf regelmäßige, hausinterne Schulungen (21 Nennungen in der Hauptkategorie), die damit die zweitwichtigste Stützstruktur ausmachten. So wurden systemtherapeutische Inhalte auf Initiative der Klinikleitung etwa auch in die ärztliche Weiterbildung integriert (11 Nennungen):

„Ich kriege viele Nachfragen von Assistenzärzten, die sagen, die Familientherapieteams reichen nicht aus, damit wir das für unsere Weiterbildung als Zweitverfahren machen können. Ich habe seit Dezember letzten Jahres offiziell die Weiterbildungsermächtigung für Familientherapie als Zweitverfahren von der Ärztekammer gekriegt."

[Chefärztin]

Diese Unterstützung wurde von den Mitarbeitern auch als solche wahrgenommen. Sie gaben „Unterstützung durch die Klinikleitung" als dritthäufigste klinikinterne Stützstruktur an (17 Nennungen). Die zentrale Erfahrung war in diesem Zusammenhang der erweiterte Handlungsspielraum in ihrer alltäglichen Arbeit durch Verantwortungsübertragung und Vertrauen seitens der Leitung:

> „Also was ganz klar auch hilfreich war, war die Rückendeckung von unserer Betriebsleitung, die absolut dahintersteht und wir eigentlich sehr viel Zeit bekommen haben, um solche Dinge mal auszuprobieren, um diese zu lernen, sehr viel Verantwortung auch. Wir durften selber entscheiden, ob wir was ausprobieren wollten oder nicht. Es wurde uns sehr viel Autonomie gegeben, da was auszuprobieren, was man vielleicht noch nicht so kannte, was vielleicht auch in die Hose gehen kann."
>
> [Gesundheits- und Krankenpfleger]

Der Network View aus ATLAS.ti (Abb. 39, Kapitel 4.2.1.1) zeigt die Haupt-kategorie 2 „Lokale Eigenständigkeit von SYMPA" im Überblick:

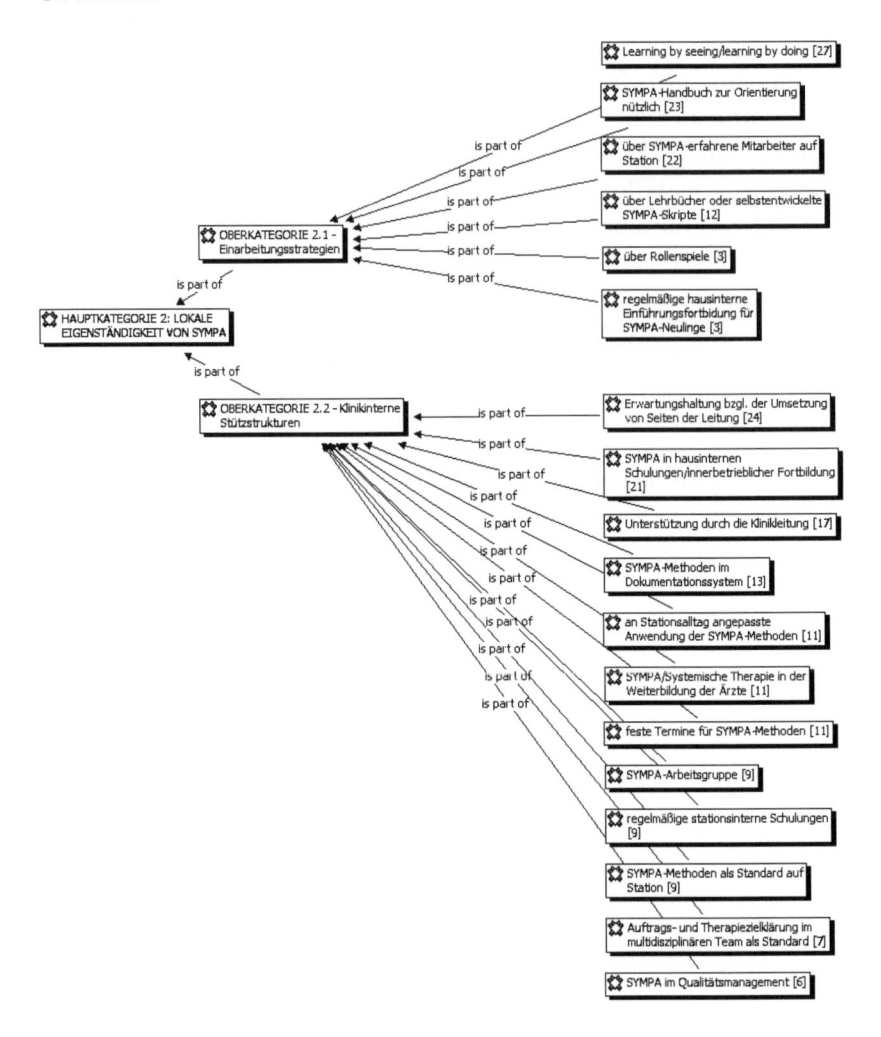

Abb. 39 – Network View der Hauptkategorie 2 „Lokale Eigenständigkeit von SYMPA"

4.2.1.2 Ressourcenorientierung in der therapeutischen Grundhaltung gegenüber dem patientenbezogenen Problemsystem

Wie Abb. 40, Kapitel 4.2.1.2 verdeutlicht, konnte während der Inhaltsanalyse innerhalb der Hauptkategorie 4 „Subjektives Erleben von SYMPA" induktiv eine Oberkategorie generiert werden, welche Einflüsse ein systemtherapeutischer Ansatz auf die therapeutische Grundhaltung subsumierte. 26 Nennungen darin wiesen auf eine „Veränderung in Richtung einer bedürfnisorientierten Grundhaltung" hin:

> „Wir arbeiten dadurch aus meiner Sicht, finde ich, viel effektiver und menschwürdiger. Die ganze Grundhaltung ist eine andere. Das wirkt sich auch positiv auf die Qualität aus und auch nach außen hin haben wir ein gutes Standbein hat. Immer weniger Pflegepersonal, aber trotzdem die Haltung kann man sich erhalten. Das ist ein Qualitätsmerkmal."
>
> [Gesundheits- und Krankenpflegerin]

In diesem neuen Zugang zum Patienten war ein weniger an Defiziten ausgerichtetes Denken und Handeln verbunden mit einer Verhandlungskultur auf gleicher Ebene:

> „Man merkt, dass das Team weniger defizitorientiert denkt und handelt. Es kommt immer noch mal wieder durch, aber das bremst sich dann wieder selber aus und sagt, wo sind wir jetzt. Man blickt wirklich tatsächlich mehr fokussiert auf die lösungsorientierten Seiten."
>
> [Arzt]

> „Ich denke, dass das Gefälle zwischen Therapeuten und Patienten sich etwas verändert hat. Es ist eher ein bisschen eingefüttert worden, dass Patienten auch zu Verhandlungspartnern auf gleicher Ebene geworden sind, tendenziell. Aber das spüre ich, dass eine Verhandlungskultur und -ebene anders Einzug gefunden hat."
>
> [Arzt]

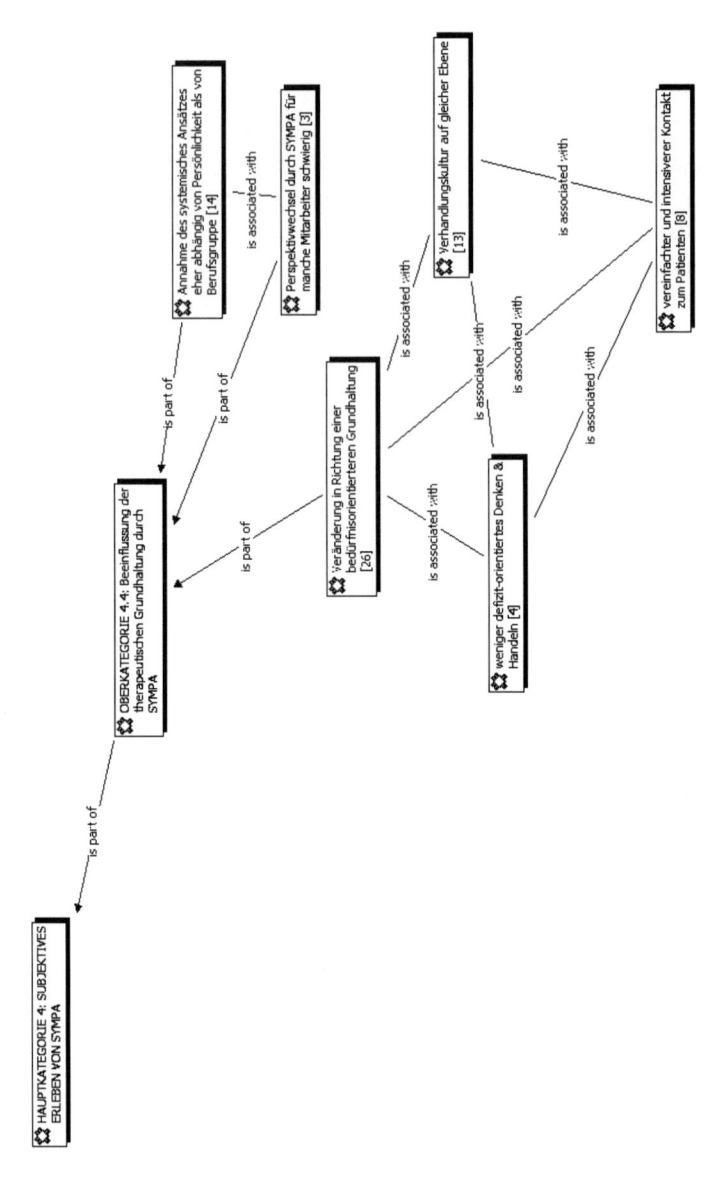

Abb. 40 – network view der Oberkategorie 4.4 „Beeinflussung der therapeutischen Grundhaltung durch SYMPA"

Im Rahmen dieser Haltung war es immer wieder von essentieller Bedeutung mit dem gesamten patientenbezogenen Problemsystem klare Absprachen zu treffen. Diese enthielten dann im Kern Kompromisslösungen, die einerseits auf das zentrale Anliegen des Patienten auch in der Akutsituation eingingen, andererseits jedoch auch explizit gemachte Konsequenzen im Falle eines Scheiterns der beabsichtigen Lösungsstrategie beinhalteten. Das „Geben und Nehmen" zwischen Behandlungsteam und Patient wurde von einem Mitarbeiter anhand eines konkreten Beispiels aus dem Alltag beschrieben:

> „Also heute Morgen hatten wir eine Patientin, die nach einem Suizidversuch hier ist und sagt, sie kommt mit ihrer Erkrankung nicht zurecht, sie akzeptiert ihre Erkrankung nicht, am liebsten würde sie gar keine Medikamente nehmen. Sie hat eine heftige Überdosis an Medikamenten genommen hat. Ihr Lebensgefährte war [bei der Aufnahme] dabei, ihre Betreuerin. Ihre Schwester hat eine Betreuung initiiert, worüber sie völlig stinkig war. Und dann haben wir gesagt, wenn sie keine Medikamente nehmen will, setzen wir die Medikamente ab. Früher wär nicht so damit umgegangen. Wir haben gesagt, wir nehmen das ernst und gehen mit ihr den Weg und setzen mal die Medikamente ab und gucken, wie es ihr dann geht, allerdings mit der Option, dass sie hier bleibt, weil wir alle, die am Tisch saßen gesagt haben, da leg ich nicht die Hand für ins Feuer, die geht nach Hause und kann wieder einen Suizidversuch machen...
>
> ...Wenn sie gehen will, ist es ganz klar, wird sie untergebracht von der Betreuung, aber in dem Rahmen versuchen wir mal zu verhandeln, was möglich ist."
>
> [Arzt]

Wichtigste Aufgabe des Therapeuten bei der Herstellung solcher Kompromissstrategien bleibt die Wahrnehmung der Verantwortung, die Einschränkungen im psychischen Erleben des Patienten in der Akutsituation adäquat zu beurteilen und zudem die Sinnhaftigkeit und Beweggründe seines Verhaltens zu würdigen.

> „Und die Kunst ist ja gerade beides zu balancieren und mitzudenken und in der Verhandlung auch diesen Transfer zu machen zwischen der mangelnden Steuerungsfähigkeit und der Psychose plus dem der Nützlichkeit und der Sinnhaftigkeit."
>
> [Ärztin]

Positive Folge dieser bedürfnisorientierten Haltung, wie acht Nennungen in den Interviews anzeigen, ist, dass sie mit einem vereinfachteren und intensiveren Kontakt zum Patienten verbunden war. Eine Assistenzärztin schilderte dies so:

> „Also die Mitarbeiter gehen von sich aus auf die Patienten zu. Da muss man auch nicht drüber reden, das ist selbstverständlich. Es wird einfach viel mehr mit dem Patienten gesprochen ist so mein Eindruck."
>
> [Ärztin]

Ob und inwieweit eine bedürfniszentrierte Sichtweise in Bezug auf den Umgang mit Patienten von den Mitarbeitern übernommen wird, erweist sich dabei stärker von der jeweiligen Persönlichkeit als von der Berufsgruppenzugehörigkeit abhängig – für einige stellten die intensiveren Gespräche mit den Patienten eine Überforderung dar:

> „Ich denke auch, dass manche Kollegen teilweise damit überfordert waren, dass sich das Spektrum der Sichtweise über den Patienten sich geweitet hat. Und es ist natürlich einfacher, manchmal Scheuklappen aufzuhaben und zu wissen, ich guck nur in die Richtung, als dass ich noch fünf andere im Blick haben muss."
>
> [Gesundheits- und Krankenpfleger]

4.2.1.3 Einführung von Bezugspersonenarbeit

Die Einrichtung von einzelnen festen Ansprechpartnern aus dem Team für den jeweiligen Patienten im Rahmen von Bezugspersonenarbeit gestaltete sich offenbar schwierig. Es konnte nur eine Station gefunden werden, der dies konsequent gelang. Ein Mitarbeiter aus einer Klinik, die nicht auf Bezugspersonenarbeit zurückgriff, beschrieb die entstehenden Informationsverluste, wenn auf diese stützende kontinuierliche Begleitung verzichtet wurde:

> „Ich glaube, dass gerade die Bezugspflege, die es da in [Klinik 1] gibt, von Patienten und Mitarbeitern als eine ganz wichtige Einrichtung gesehen wurde. Das vermisse ich hier so ein bisschen, weil oft Informationen verloren gehen, Patienten auch nicht ganz genau wissen, wer ist mein Ansprechpartner, wenn das so schnell wechselt. Man hat eben selbst auch nicht den Anspruch, wenn man zu einem Patienten eine wichtige Frage hat und noch mal die Entwicklung der letzten zehn Tage ansehen will, wenn sich da wieder eine Krise ergeben hat. Dann ist es halt schwierig jemanden zu finden, der einem wirklich kontinuierlich sagen kann, was vielleicht dazu geführt hat. Da gehen einfach auch sehr viele Informationen verloren."
>
> [Arzt]

Dabei erschien eine Bezugspersonenarbeit, die den Patienten möglichst nah in seinem Beziehungserleben begleitete, auch geeignet, um einer der Gefahren systemischen Vorgehens zu begegnen: zu schneller Lösungsorientierung unter Vernachlässigung von Beziehungsdynamiken. Ein tiefenpsychologisch orientierter Mitarbeiter sah dies als eines der Hauptrisiken zu rasch voranschreitender systemischer Behandlung von psychiatrischen Patienten:

> „Ich vertrete eher die Haltung, dass manche Störungsbilder nicht alleine mit systemischen Betrachtungsweisen behandelbar sind, dass noch so ein paar andere Kenntnisse auch dazugehören. Und es fällt mir manchmal auf, dass die systemischen Arbeitsweisen manchmal ein bisschen flott und fix gehen. Da rutschen andere Beziehungsaspekte, ist zumindest mein Eindruck, weg und es läuft dann auch schnell was in die falsche Richtung. Man glaubt, es sind Lösungsstrategien entwickelt und schlägt das dann nach zwei, drei Wochen doch wieder in so eine destruktive Seite um."
>
> [Arzt]

Zeitmangel bei unzureichender personeller Besetzung stellte das Haupthindernis für die Einführung von Bezugspersonenarbeit dar. So beschrieb selbst ein Mitarbeiter auf der Station, wo diese erfolgreich eingeführt wurde, seine Situation folgendermaßen:

> „Wenn man vier oder fünf Patienten hat im Bezug, dann ist jeden Tag ein Einzelgespräch und dann ist die Woche vorbei. Dann kommen noch zig andere Sachen dazu, wo ich auch mal sage, ich kann da keine Einzelgespräche führen, weil ich muss Patienten irgendwo hin begleiten oder sonst was. Dann komm ich schon wieder in diese Zeitnot, also ich muss schon wieder dann so einen Rhythmus finden."
>
> [Gesundheits- und Krankenpfleger]

4.2.1.4 Kooperierende Rollenwahrnehmung der Mitarbeiter
Aspekte der kooperierenden Rollenwahrnehmung der Mitarbeiter wurden innerhalb der Hauptkategorie 5 „Berufsgruppenübergreifende Kooperation im Rahmen von SYMPA" zusammengefasst (Abb. 41, Kapitel 4.2.1.4). Darin konnten induktiv wiederum zwei Ober-kategorien zu „Positiven Effekten" und „Probleme & Grenzen" gebildet werden. Die drei am häufigsten angesprochenen Codes zu positiven Auswirkungen waren *„Offenerer Austausch zwischen den Berufsgruppen"* (21 Nennungen), „Abflachung der Hierarchien – mehr Partnerschaftlichkeit" und „Einarbeitung der Assistenzärzte/ Psychotherapeuten in Ausbildung durch andere Berufsgruppen". Ein zum Projekt hinzugekommener Mitarbeiter kontrastierte seine neue, als mehr im Austausch erlebte Rolle mit den bisherigen Erfahrungen seiner beruflichen Laufbahn:

> „Als ich gekommen bin, hatte ich eher so dieses Gefühl, wir Krankenpfleger sind eigentlich dazu da, um die Leute zu fragen, ob es ihnen gut geht und die Betten auszuwaschen. Also man war da noch nicht so mit in die Gespräche integriert. Der Psychologe führte sein Gespräch, und man hat davon dann in der Übergabe erfahren, dass man mit dem eigenen Patienten ein Gespräch geführt wurde. Das ist heute nicht mehr so. Heute setzt man sich zusammen und sagt, ich muss ein Gespräch führen, wann treffen wir uns, wie

können wir das gemeinsam gestalten, was soll Ziel des Gesprächs sein, wie wollen wir das inhaltlich füllen. Das ist eine ganz andere, ganz andere Schiene."

[Gesundheits- und Krankenpfleger]

Mit dieser intensivierten Kooperation zwischen den Berufsgruppen ging eine *deutliche Aufwertung der Pflege in ihrem Kompetenzerleben* einher. Der in Subkategorie 4.2.2 „Spezifische Aspekte im Arbeitserleben der Pflege" enthaltene Code „Aufwertung und verstärktes Kompetenzerleben" war mit 28 Nennungen der am zweithäufigsten genannte Code überhaupt (Abb. 42, Kapitel 4.2.1.4). Wie oben bereits angeführt wurden einige Interventionen, wie z.B. das Genogramminterview hauptsächlich eigenständig von Pflegekräften durchgeführt. Dies beinhaltete für viele Mitarbeiter erweiterte Kommunikationsmöglichkeiten mit dem Patienten, was zu mehr Arbeitsfreude und erhöhtem Selbstbewusstsein führte:

„Mir persönlich, muss ich sagen, macht es mehr Spaß, weil man einfach mehr Möglichkeiten hat, mit Patienten zu reden, auch so ein bisschen breit gefächerter. Auch die Stärkung der eigenen Kompetenz macht mehr Spaß, dass man merkt, ich kann auch mehr tun als nur Tür aufschließen, Medikamente verteilen. Das wird auch von den Patienten wahrgenommen bei einzelnen Kollegen."

[Gesundheits- und Krankenpfleger]

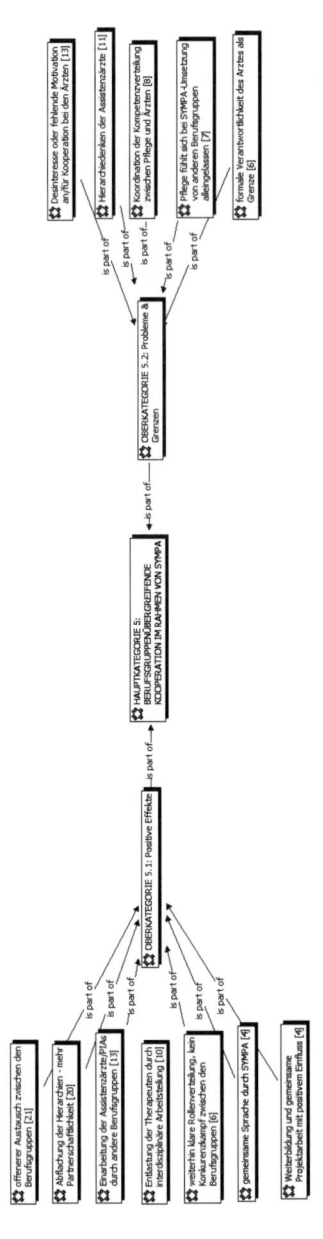

Abb. 41 – network view der Hauptkategorie 5
„Berufsgruppenübergreifende Kooperation im Rahmen von SYMPA"

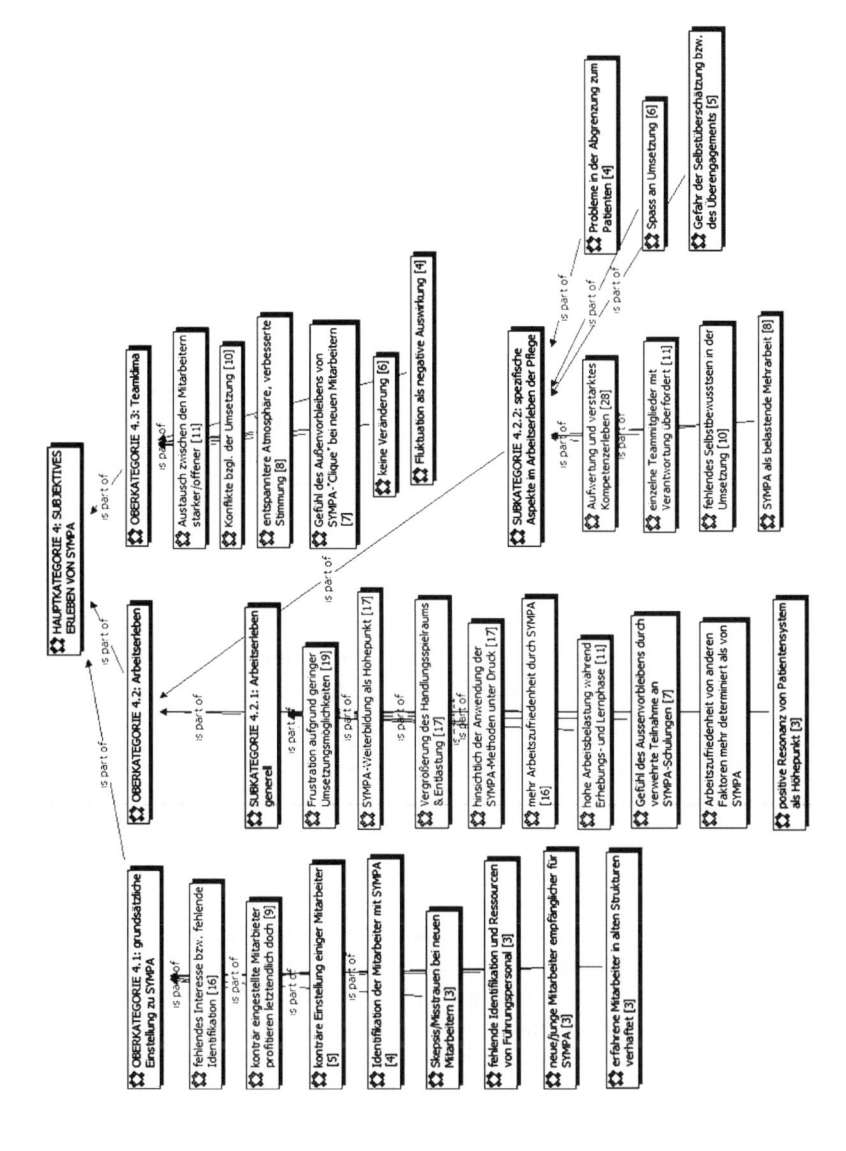

Abb. 42 – network view der Hauptkategorie 4 „Subjektives Erleben von SYMPA"

Um Koordinationsprobleme zwischen den Berufsgruppen – die unter „Probleme & Grenzen" Hauptkategorie 5 „Berufsgruppenübergreifende Kooperation im Rahmen von SYMPA" auch mit acht Nennungen anklangen – angesichts dieser neuen Aufgabenverteilung zu umgehen, erschienen klare Absprachen darüber, wann wer was oder gemeinsam wahrnimmt im Vorhinein von hoher Bedeutung. Ein gelungenes Beispiel dazu formulierte eine Ärztin:

> „Aber ich glaub, wir haben da einen ganz guten Weg gefunden auf Station. Wir haben uns das ganz gut eingeteilt, die Genogrammarbeit machen zurzeit tatsächlich überwiegend die Pflegekräfte. Wir machen mehr Therapiezielplanung, die Angehörigengespräche. Und ich glaub nicht, dass da Unzufriedenheit im Moment herrscht. Ich glaub, es ist momentan eine ganz gute Teamarbeit bei uns."
>
> [Ärztin]

Vereinzelt ließen sich unklare Situationen hinsichtlich der Aufgabenverteilung zwischen den einzelnen Berufsgruppen nicht vollständig vermeiden, gerade weil die Pflege einen immensen Kompetenzzuwachs und damit verbundene Handlungsautonomie erfuhr. Hier wurde immer wieder Zeit benötigt, um im interdisziplinären Austausch eine transparente und einheitliche Behandlungsorientierung zu erarbeiten:

> „Bei der zugenommenen Kompetenz der Pflege ist es schwer die Grenzen auch sauber einzuhalten, dass man z.B. genau weiß, das Genogramm ist ärztlicherseits auch so indiziert, es macht Sinn in der Gesamttherapieplanung oder Behandlungsplanung. Da an einem Strang zu ziehen, dass auch transparent wird, wo es lang geht, das muss immer wieder diskutiert werden und auch allen vermittelt werden, die in Behandlung einbezogen sind. Und das zu kommunizieren, braucht glaub ich mehr Zeit als oft da ist. Es ist ja nicht nur damit getan, die Instrumente anzuwenden, sondern auch sich im Gesamtteam darüber zu kommunizieren, was Sinn macht."
>
> [Arzt]

Insgesamt wurde diese verstärkt berufsgruppenübergreifende Wahrnehmung von Kompetenzen jedoch auch von ärztlicher Seite sehr begrüßt. Angesichts knapper personeller und zeitlicher Ressourcen wurde sie von den Therapeuten insgesamt als Chance zu ihrer Entlastung und Aufrechterhaltung der Behandlungsqualität begriffen (10 Nennungen in der Hauptkategorie 5 „Berufsgruppenübergreifende Kooperation im Rahmen von SYMPA"):

> „Und wenn dieser Teil der Pflege gestärkt wird, kann uns das nur nutzen. Wir haben alle das Problem, natürlich auch mit verknappenden Ressourcen klarkommen zu müssen. Und viel an therapeutischer Arbeit, die früher traditionell eben auf die klassischen therapeutischen Berufe begrenzt war, kann von diesen Berufen einfach zeitlich nicht mehr wahrgenommen werden. Und wenn die Behandlungsqualität nicht drastisch darunter leiden soll, gibt es gar keinen anderen Weg, als gerade die pflegerischen Berufe mehr in die therapeutische Praxis einzubeziehen."
>
> [Arzt]

Teamkooperation war dabei ebenso wie die Gestaltung von Therapie selbst auch vom Kontext abhängig. So erschienen hierarchisch organisierte Entscheidungsprozesse etwa für Akutsituationen z. B. mit Fixierungsindikation unter Zeitdruck durch den letztverantwortlichen Arzt unabdingbar. Der wesentliche Punkt war hier eine kontextangemessene Markierung von Hierarchie erfordernden Situationen, in den klar Zuständigkeiten benannt werden mussten:

> „Das ist letztlich eine Frage des Settings. So wie wir manchmal sagen, wir bewegen uns in Therapiesettings und wechseln wir gleichzeitig manchmal den Kontext, wenn es um Schutz und Kontrolle geht. Und so ähnlich ist es natürlich auch auf der Teamzusammenarbeitsebene. Es geht um Kooperation und dann aber manchmal um Hierarchie. Und das muss man einfach verdeutlichen. Ich glaube, man muss es dann einfach klar benennen, denn wenn da alles durcheinander geht, dann kann das wirklich zu Verwirrung und auch, in der Psychiatrie jedenfalls, zu gefährlichen Situationen führen."
>
> [Ärztin]

Probleme und Grenzen ergaben sich vor allem durch Desinteresse bzw. mangelnder Motivation zur Kooperation bei den über verschiedene Stationen rotierenden Assistenzärzten. Wie ein Oberarzt beschreibt, gestaltete sich die Umsetzung gerade intensiverer Interventionen durch die Pflege gegen den Widerstand eines Stationsarztes mehr als schwierig:

> „Ein wesentlicher Punkt ist die Rotation der Assistenzärzte. Wenn der Stationsarzt nicht mit dahinter steht, dass z.B. Intervision läuft oder Reflecting Team, dann kriegt die Pflege das gegen den Widerstand eines Arztes nicht hin. Wir hatten das bei einer Station, wo die Pflege das wollte und von ärztlicher Seite da wenig Unterstützung hatte. Da lief es nicht."
>
> [Arzt]

Zu vermuten war, dass diese Schwierigkeiten speziell in der Kooperation zwischen Pflege und Assistenzärzten mit der Notwendigkeit eines generell höheren Teambewusstseins auf psychiatrischen Stationen als auf somatischen Stationen einhergingen. Möglicherweise war dieser Anspruch für viele aus der somatischen Medizin wechselnde Ärzte noch Neuland. Ein Gesundheits- und Krankenpfleger versuchte diesen atmosphärischen Unterschied in Worte zu fassen:

> „Das ist generell auf psychiatrischen Stationen ganz anders als auf somatischen Stationen. Auf psychiatrischen Stationen laufen noch sehr viele mit eigenen Problemen rein, weil sie auf den somatischen Stationen nicht gelernt haben, sich dessen bewusst zu sein und damit umzugehen. Das Bewusstsein für das Team ist auf psychiatrischen Stationen höher: Wie fühle ich mich momentan selbst? Wie wirke ich nach außen? Wo sind meine eigenen Probleme? Die Menschen, die in der Psychiatrie arbeiten haben meiner Meinung nach, ihre eigenen Probleme eher erkannt und können auch besser damit umgehen und können dem entsprechend auch anders mit den Problemen anderer umgehen. Das ist ja auch irgendwie ihr tägliches Brot."
>
> [Gesundheits- und Krankenpfleger]

4.2.1.5 Verbreitungseffekte in der Klinik über die Projektstationen hinaus und Außendarstellung

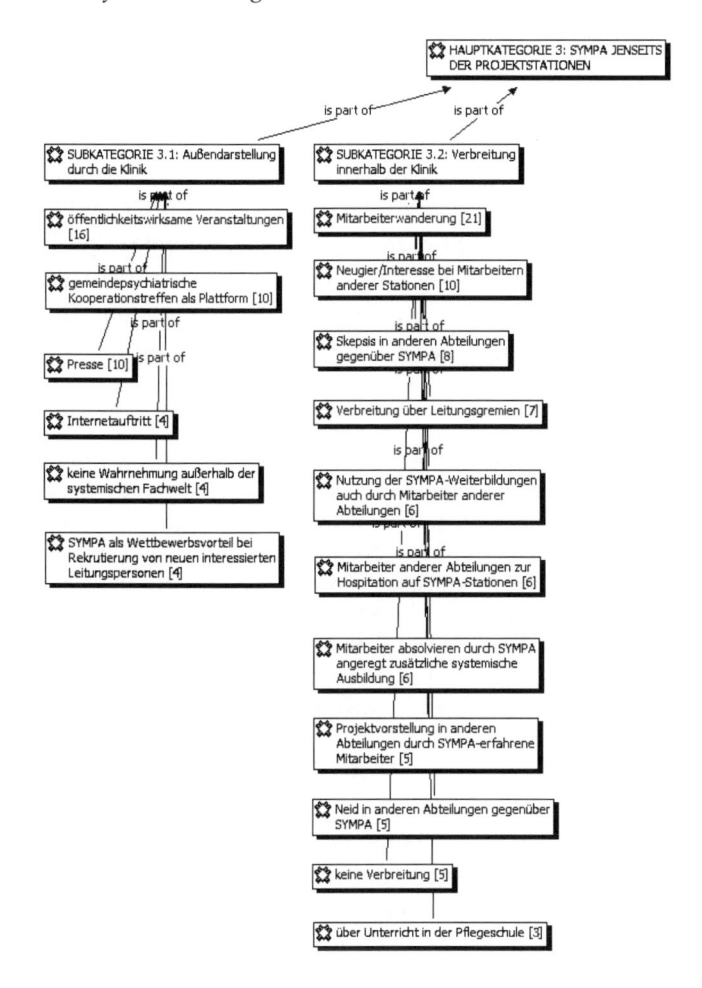

Abb. 43 – network view der Oberkategorien 3.1 „Außendarstellung durch die Klinik" und 3.2 „Verbreitung innerhalb der Klinik"

Einen der wichtigsten Indikatoren für eine langfristig gelungene Organisationsentwicklung durch das SYMPA-Projekt erfasste Hauptkategorie 3 „SYMPA jenseits der Projektstationen" (Abb. 43,

Kapitel 4.2.1.5). In ihr sollten Hinweise einerseits auf Ausbreitungstendenzen systemischen Arbeitens über die Probandenstationen hinaus (Oberkategorie 3.1) und andererseits eine erfolgreiche Außendarstellung des Projekts durch die Klinik (Oberkategorie 3.2) erfasst werden.

Zur klinikinternen Verbreitung systemischer Konzepte und daraus resultierender Interventionen trugen demnach vor allem die „Mitarbeiterwanderung" (21 Nennungen) sowie „Neugier/Interesse bei Mitarbeitern anderer Stationen" (10 Nennungen) bei. Das Interesse von ursprünglich SYMPA-fremden Stationen diente dabei wiederum als Anregung für weitergebildete Mitarbeiter, Inhalte systemischer Behandlungspraxis auch außerhalb ihrer Station weiterzugeben:

> „Die anderen Stationen haben sich interessiert gezeigt und nachgefragt, was ist das eigentlich, was macht ihr da eigentlich, wieso fahrt ihr immer weg. Von daher kamen Fragen. Es gab Kollegen, die geschult worden sind, die auch auf die Stationen gegangen sind und denen gezeigt haben, was sie eigentlich machen. Also die Neugier war schon da, das muss man schon sagen. Schade war eben nur, dass sie eben nicht dran teilnehmen konnten, weil es eben wirklich nur auf ganz bestimmte Stationen beschränkt war. Also in der Allgemeinpsychiatrie denke ich schon, dass jeder weiß, was SYMPA ist."
>
> [Gesundheits- und Krankenpfleger]

Demgegenüber wurde der Weggang weiterbildungserfahrener Mitarbeiter von den zurückgebliebenen Kollegen auf der Ursprungsstation gerade auch im Hinblick auf eine nachhaltige Implementierung systemischer Praxis kritisch gesehen:

> „Auch auf der pflegerischen Ebene mehr Wechsel, als ich mir gewünscht hätte. Da waren auch Einzelfälle bei, wo ich das von Seiten der Leitung nicht verstanden hab, dass sie mit gefördert hat, dass Leute woanders hingehen. Ich finde, da sind so Säulen aus dem Team herausgerissen worden irgendwie unter dem Aspekt, dass die das dann an anderen Stellen etablieren sollen. Das kann man ja so sehen, aber auf der Teamebene, find ich, ist das erst einmal ein

deutlicher Verlust. Verlust auch von Leuten, die dieses Denken, die Konzepte und die Instrumente mittragen. Wenn ich mir das heute angucke, sind das eher noch Einzelne und die Mehrheit der Leute hat nicht diesen SYMPA-Kontext, zumindest keinen vollständigen."

[therapeutischer Mitarbeiter]

Die zwei wichtigsten Säulen *in der Außendarstellung* bildeten *„öffentlichkeitswirksame Veranstaltungen"* (16 Nennungen) und „gemeindepsychiatrische Kooperationstreffen als Plattform" (10 Nennungen). So veranstaltete eine Klinik etwa eine Tagung für niedergelassene Psychiater und weiterführende, komplementäre Einrichtungen, auf der die Teilnehmer die Interventionen „live" verfolgen konnten:

„Ein Höhepunkt war dieses Jahr eine Tagung, die aufgrund dessen veranstaltet wurde. Wir wollten das ein bisschen vorstellen, und das war eben auch insofern ein Höhepunkt, als dass wir wirklich viele damit erreicht haben. Das waren, glaube ich, 130 Teilnehmer. Das Feedback zum Schluss, was quasi als ein Reflecting Team der Teilnehmenden gestaltet war, war recht positiv. Man hat noch mal die Arbeit der Einzelnen gewürdigt und konnte zeigen, was wir hier eigentlich wirklich machen. Wir machten auch ein tatsächliches Reflecting Team mit einer Patientin vor 30, 35 Teilnehmern. Das war schon ganz interessant."

[Gesundheits- und Krankenpfleger]

In Einrichtungen des psychiatrischen Versorgungsnetzwerkes, wie z. B. dem gemeindepsychiatrischen Verbund oder dem Trialog, konnte die Aufmerksamkeit für SYMPA geschärft werden, dadurch dass sich viele in der Klinik beschäftigte Mitarbeiter dort ebenfalls engagierten, etwa in der Position von Sprechern.

4.2.2 Psychiatriespezifische Systemrationalitäten als Hindernisse für systemtherapeutisch erweiterte Behandlungspraxis

Neben Kontextvariablen einer erfolgreichen Implementierung systemischer Elemente auf den Probandenstationen beabsichtigte die vorliegende Studie, organisationseigene Hindernisse für systemisches Arbeiten im Kontext allgemeinpsychiatrischer Stationen zu bestimmen. Erfasst wurden diese in der qualitativen Inhaltsanalyse über Oberkategorie 1.2 „hemmende Faktoren" der Hauptkategorie 1 „Praktikabilität vom SYMPA" (Abb. 44, Kapitel 4.2.2). Es wurden dabei vier Bereiche gefunden, in die sich die verschiedenen limitierenden Faktoren einordnen ließen: Hindernisse im Kliniksystem, im Mitarbeitersystem, im patientenbezogenen Problemsystem selbst und Hindernisse innerhalb des Projektansatzes. Es sei an dieser Stelle darauf hingewiesen, dass unter Oberkategorie 1.2 mit 268 Nennungen nach Oberkategorie 4.2. „Arbeitserleben" (298) die meisten Interviewaussagen überhaupt subsumiert wurden. Dies konnte als Hinweis auf die Komplexität und Virulenz hemmender Einflüsse auf das SYMPA-Projekt gewertet werden. In der folgenden Darstellung der Ergebnisse werden daher aus Platzgründen die jeweils drei am häufigsten genannten Codes diskutiert.

Im Kliniksystem stellten die *ausbildungsbedingte Rotation der Assistenzärzte* (21 Nennungen) und deren damit verbundener nur kurz andauernder Einsatz auf der jeweiligen Station das wesentlichste Hindernis aus der Sicht aller Mitarbeiter dar. Vor allem von Seiten der Pflege wurde es als zunehmend ermüdend beschrieben, dass immer wieder neue Assistenzärzte angeleitet werden mussten, die danach die Station bereits wieder verließen:

> „Die Ärzte sind ein bis eineinhalb Jahre maximal da und dann gehen die wieder auf andere Stationen. Wir hatten vor einem Jahr einen ärztlichen Wechsel, und die ärztliche Kollegin wusste von SYMPA gar nichts. Es war einerseits recht spannend, dass was wir schon gelernt haben wieder so richtig aktiv mit ihr umzusetzen, aber es ist anstrengend."
>
> [Gesundheits- und Krankenpfleger]

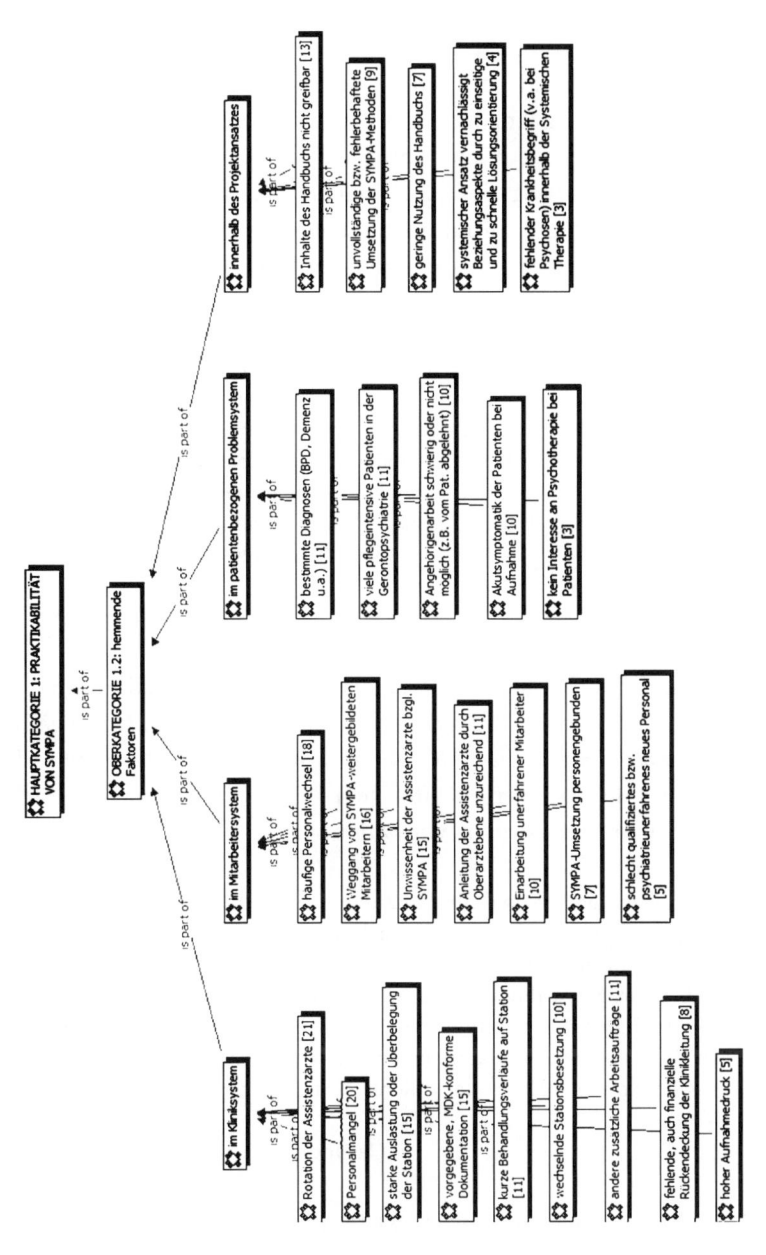

Abb. 44 – network view der Oberkategorie 1.2 „hemmende Faktoren"

Die mit SYMPA verbundenen Erwartungen von Seiten des Stationsteams waren auf der anderen Seite für die neu ankommenden Assistenzärzte deutlich wahrnehmbar. Doch obwohl dieser Anspruch deutlich spürbar wurde, erlebten sie den Informationsvorsprung des Stationsteams als kaum einholbar und fühlten sich in einigen Situationen angesichts ihres Kenntnisstandes bezüglich Systemischer Therapie überfordert:

„Das Personal muss sich da immer drauf einstellen. Das ist auch nicht so einfach, denke ich. Ich denke auch, dass sich das Personal auch manchmal mehr erhofft. Man kommt, man hat keine Ahnung davon, und das Personal ist dann schon eingearbeitet. Dann können die sich jetzt erst mal nicht vorstellen, dass man, wenn man neu kommt, davon keine Ahnung hat. Die wussten mehr über das Ganze. Ich hab mich jetzt nicht ausgeschlossen gefühlt, aber sie haben manchmal zu viel vorausgesetzt. Man hat einiges nicht mitbekommen."

[Assistenzärztin]

Das zweite im Kliniksystem selbst zu findende Hindernis für systemisches Arbeiten lag in einem *chronischen Personalmangel auf nahezu allen Stationen* (20 Nennungen). Gerade auf den Aufnahmestationen verschärfte sich dieses Problem angesichts besonders betreuungsintensiver Patienten:

„Sie haben das Personal für 22 Patienten, sag ich mal, sind aber mit 35 belegt. Aber dafür haben Sie nicht das Personal. Dann haben Sie nebenbei noch zwei Sitzwachen, wo zwei Kollegen komplett weg sind. Dann bleibt Ihnen nichts mehr, gar nichts mehr. Da brauchen Sie gar nicht drüber nachdenken. Das ist einfach so. Und das haben wir jetzt auf den Akutaufnahmen, diese Sitzwachen und Eins-zu-eins-Betreuung, dritter Nachtdienst. Da ist nichts mehr großartig dann."

[Gesundheits- und Krankenpfleger]

Unmittelbar einher mit dieser kritischen Besetzungssituation auf den Stationen ging eine *fast flächendeckende Überbelegung vor allem der Aufnahmestationen* (15 Nennungen). Dabei wurde allein für die

Bewältigung der rein administrativen Aufgaben so viel Zeit benötigt, dass ein reflektierter Einsatz systemischer Interventionen streckenweise nicht mehr möglich war:

> „Die Station ist leider chronisch sehr stark überbelegt. Sie ist für 24 Patienten ausgelegt und im Schnitt hatten wir letztes Jahr um die 30 Patienten. Oftmals ist man dann nur alleine als Stationsarzt, hat also sehr wenig Kapazitäten, da gezielt auch systemische Ansätze zu praktizieren, sondern hat viel mit Verwaltungsarbeiten, Unterbringungsbeschlüssen, richterliche Anhörungen und dann Erstgesprächen zu tun."
>
> [Arzt]

Diese von Personalmangel und Überbelegung geprägten Rahmenbedingungen auf den Stationen führten langfristig bei vielen Mitarbeitern zu Frustration und Motivationsverlust, da sie die Kontinuität von initiierten Innovationen in den Stationsabläufen generell massiv erschweren. Für SYMPA bestätigten dies 19 Nennungen innerhalb der Interviews (Code „Frustration aufgrund geringer Umsetzungsmöglichkeiten" in der Subkategorie 4.2.1 „Arbeitserleben generell"), jedoch wurde dies als ein vom SYMPA-Projekt unabhängiges Phänomen beschrieben:

> „Es betrifft aber nicht nur SYMPA. Das ist eigentlich regulär beobachtbar an dieser Station, für die ich nun seit sechs Jahren zuständig bin, wenn Ideen entstehen und aufgegriffen, was einzuführen und umzusetzen. Sei es eine kleine milieutherapeutische regelmäßige Maßnahme, ein Pflegemitarbeiter hat versucht eine Sportgruppe zu etablieren – man fängt an, mit viel Aufwand etwas zu implementieren, anzufangen, umzusetzen und das läuft vier bis sechs Wochen. Dann kommt eine Phase von Aufnahmedruck, und dann fliegt einem das, was man an ganzen konstruktiven Ideen reingesteckt hatte um die Ohren, so dass man die nächsten zwei, drei Monate nicht mehr dazu kommt. Und das ist so ein Mechanismus, den ich jetzt über viele Jahre hinweg beobachte auch an mir selbst, dass einen dann das frustriert und die Motivation geht einem dann

auch flöten. Das hat aber, wie gesagt, nichts mit SYMPA zu tun. Das hat was mit enormem Aufnahmedruck zu tun und diesen langen Phasen der schweren Überbelegung."

[Arzt]

Auf Seiten der Mitarbeiter erwiesen sich die *häufigen Personalwechsel* (18 Nennungen) und damit verbundene Weggang *gerade auch von weiterbildungserfahrenen Mitarbeitern* (16 Nennungen) als die herausragenden Hemmnisse für eine Implementierung der systemischen Interventionen. Besonders frustrierend für die Stationsteams war dabei, dass neue Kollegen, kaum angemessen in SYMPA eingearbeitet, bereits wieder den Einsatzort wechselten bzw. angesichts kurz laufender Arbeitsverträge die Klinik verlassen mussten.

„Ich bin mehr dafür da, Kollegen innerhalb eines Jahres wirklich fit zu machen, gut einzuarbeiten. Dann verliert man sie wieder. Und dann kriegen wir wieder ganz neue Kollegen. Das sind teilweise bis zu vier oder fünf Kollegen im Jahr. Das macht irgendwo keinen Spaß. Man möchte lieber die Kollegen behalten, wenn sie gerade fit sind, aber dann gehen die weiter auf andere Stationen oder teilweise, weil es nur noch Jahresverträge gibt, die verlieren ganz ihren Job."

[Gesundheits- und Krankenpfleger]

Die fehlende Vertrautheit mit systemtherapeutischen Therapiekonzepten und den einzelnen Interventionen neuer Kollegen erwies sich besonders bei den rotierenden Assistenzärzten als problematisch (15 Nennungen). Sie koordinierten die Anwendung der Interventionen und wurden daher als Letztverantwortliche für den Therapieverlauf wahrgenommen – fehlende Kompetenz der Assistenzärzte in Systemischer Therapie bedingte daher einen Rückgriff auf alte Behandlungsroutinen im Wesentlichen mit.

Mit dem *patientenbezogenen Problemsystem* wurden im Vergleich zu den anderen Bereichen insgesamt wenige Hindernisse für SYMPA verbunden. An erster Stelle standen hier bestimmte Störungsbilder bei den Patienten, wie v.a. Emotional-instabile Persönlichkeitsstörung vom Borderline-Typ oder Demenz vom

Alzheimer-Typ, die einem systemischen Zugang in den Augen der Mitarbeitern unter den gegebenen strukturellen Bedingungen auf Station nicht unmittelbar offenstanden (11 Nennungen).

> „Insgesamt glaub ich auch, dass durch diese ständige Überbelegung und letztendlich die knappen personellen Ressourcen gerade mit sehr vielen Schwerstkranken und auch oftmals stark fremdaggressiven Patienten und vielen Patientinnen mit emotional-instabiler Persönlichkeitsstörung der schwersten Ausprägung wirklich die Kompensationsmöglichkeiten nicht so ganz da sind. Einerseits wird entweder ganz rigoros gefordert, der ist zu wenig krank, der muss hier weg, der nimmt nur Platz weg, andererseits aber braucht jemand doch sehr, sehr viel Zuwendung, das sich dann auch z.B. durch appellative suizidale oder parasuizidale Handlungen oder durch Selbstverletzung äußert. Da ist dann auch sehr oft eine ganz hohe Frustration."
>
> [Arzt]

Zwei Probandenstationen hatten ihren Schwerpunkt *in der Behandlung von gerontopsychiatrischen Störungsbildern* und waren daher zu einem hohen Anteil mit stark pflegebedürftigen Patienten belegt. Dabei stand die *somatische Grundversorgung* streckenweise sehr im Vordergrund, wodurch systemtherapeutisches Arbeiten erschwert wurde (11 Nennungen).

Wo generell Interventionen angeboten werden konnten, musste auch damit gerechnet werden, dass im patientenbezogenen Problemsystem – also sowohl auf Seiten des Patienten als auch bei den Angehörigen – geringe oder auch gar keine Bereitschaft bestand, sich auf die Interventionen einzulassen. 11 Nennungen beschrieben die *Arbeit mit den Angehörigen als schwierig oder* beschrieben, dass sie ganz *abgelehnt* wurde. Dabei führten zum einen Ängste der Patienten bezüglich Konflikten innerhalb der Familie dazu, dass der Einbezug des eigenen Umfeldes abgelehnt wurde:

> „Es gibt einfach Patienten, die sagen, ich möchte nicht, dass meine Angehörigen da mit einbezogen werden. Meistens hängt das aber

damit zusammen, dass die irgendwo einen innerfamiliären Konflikt haben und deswegen sagen, lass mal gut sein, lass Vater mal schön zuhause, weil den das gar nichts angeht."

[Gesundheits- und Krankenpfleger]

Zum anderen brachte die stationäre Aufnahme des Symptome aufweisenden Mitglieds des patientenbezogenen Problemsystems eine große Entlastung für die Angehörigen, die im Vorfeld ebenfalls bereits über lange Zeit eine schwierige Situation zuhause durchlebt hatten. Sie waren daher noch nicht immer bereit, unmittelbar in Therapieprozesse eingebunden zu werden, sondern nahmen sich zunächst einmal aus der Situation heraus.

„Die Angehörigenarbeit ist ein ganz schwieriges Gebiet, weil die meisten Angehörigen froh sind, dass sie ihren Angehörigen bei uns abgeliefert haben. Die wieder ins Boot zu kriegen und dann vielleicht auch mit denen mal ein Familiengespräch zu machen ist schon schwierig. Das ist eine Herausforderung."

[Gesundheits- und Krankenpfleger]

Subkategorie 1.2.4 erfasste *mit dem Projekt selbst verbundene Hemmnisse*, worunter sowohl logistische und didaktische Mängel des SYMPA-Projekts als auch generelle inhaltliche Probleme systemischer Behandlungspraxis im Zusammenhang mit akutpsychiatrischen Störungsbildern zusammengefasst wurden. Am häufigsten wurden hier die Inhalte des SYMPA-Handbuchs angesprochen, welche für einige Mitarbeiter nicht wirklich greifbar erschienen (13 Nennungen). Spezifisch inhaltlich-konzeptuelle Schwierigkeiten mit Systemischer Therapie in der Akutpsychiatrie bestanden in einer als unzureichend erlebten psychopathologischen Fundierung (3 Nennungen). Dies führte, wie eine leitende Ärztin beschreibt, vor allem in der Behandlung von akutpsychotischen Patienten dazu, dass von Seiten des Teams der Mangel an Steuerungsfähigkeit des Patienten unterschätzt wurde und eine zu naive Lösungsorientierung vorherrschte (4 Nennungen):

„Bei Patienten, die paranoid kommen, also in einer akuten paranoiden Psychose, dekompensiert, wird die Krankheitswertigkeit irgendwie plötzlich überhaupt nicht mehr gesehen. Es wird auch nicht gesehen, dass jemand wegen dieses Verhaltens außerhalb, was auch immer er damit erreichen mochte aus systemischer Sicht oder erreichen wollte, wofür auch immer es nützlich war, dann aber gerichtlich eingewiesen wurde. Das wird völlig ausgeblendet, und dann wird naiver Weise hier eine Ziel- und Auftragsklärung gemacht, wo es darum geht, dass er schnell nach draußen und keine Medikamente einnehmen will. Die Kunst ist ja gerade beides zu balancieren und mitzudenken und in der Verhandlung auch diesen Transfer zu machen zwischen mangelnder Steuerungsfähigkeit in der Psychose und dem ihrer Nützlichkeit und Sinnhaftigkeit."

[Ärztin]

4.3 Umweltebene: Angehörige und psychiatrisches Versorgungsnetzwerk

Fragen zur Resonanz der systemtherapeutisch erweiterten Behandlungsweise im psychiatrischen Versorgungsnetzwerk wurden allen Interviewteilnehmern gestellt. Besonderer Wert gelegt wurde dabei jedoch auf eine ausreichende Würdigung der Außenperspektive, so dass im Folgenden explizit Aussagen der Angehörigenvertreter bzw. von Vertretern der mit den Kliniken kooperierenden komplementären Einrichtungen (z.B. Wohnverbund) wiedergegeben werden. Die entsprechenden Codes wurden in den Oberkategorien 3.3 „Verbreitung im psychiatrischen Versorgungsnetzwerk" (39 Nennungen) und 3.4 „Verbreitung im patientenbezogenen Problemsystem" (43 Nennungen) der Hauptkategorie 3 „SYMPA jenseits der Projektstationen" generiert (Abb. 45, Kapitel 4.3).

```
HAUPTKATEGORIE 3: SYMPA JENSEITS
DER PROJEKTSTATIONEN
         |           |
     is part of   is part of
         |           |
SUBKATEGORIE 3.3: Verbreitung im     SUBKATEGORIE 3.4: Verbreitung im
psychiatrischen Versorgungsnetzwerk  patientenbezogenen Problemsystem
         |                                    |
      is part of                          is part of
         |                                    |
Interesse oder positive Resonanz [9]  positive Rückmeldung von Patienten und
         |                            Angehörigen [19]
      is part of                              |
         |                                is part of
keine Resonanz bei niedergelassenen           |
Ärzten [7]                            verstärkter Einbezug der Angehörigen
         |                            [12]
      is part of                              |
         |                            kaum/keine Rückmeldung von Patienten
keinerlei Resonanz auf SYMPA [7]      und Angehörigen bezüglich SYMPA [6]
         |                                    |
      is part of                      Irritation der Patienten [6]
         |
verbesserte Kooperation durch offenere
Kommunikation [6]
         |
mangelnder Austausch [4]
         |
Besuche von SYMPA-Fortgebildete in
Einrichtungen [3]
         |
mit SYMPA verbundene
patientenzentrierte Arbeitsweise
unerwünscht [3]
```

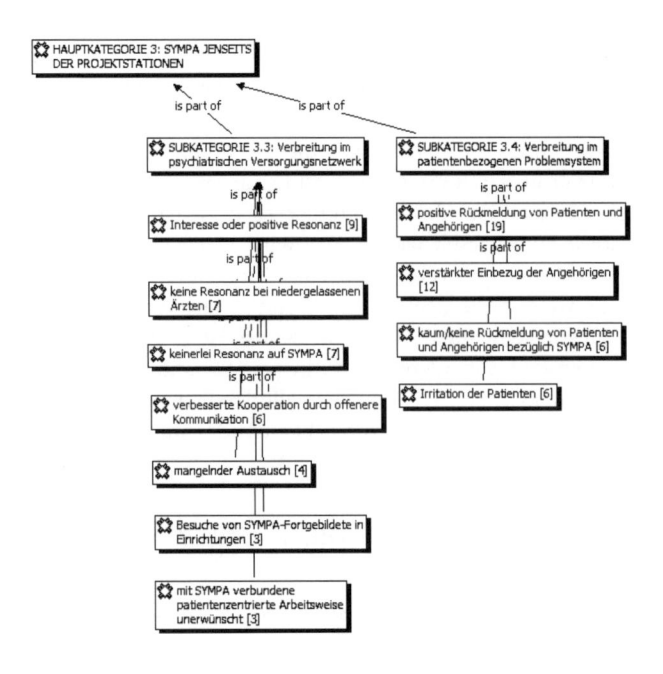

Abb. 45 – network view der Oberkategorien 3.3 „Verbreitung im psychiatrischen Versorgungsnetzwerk" und 3.4 „Verbreitung im patientenbezogenen Problemsystem"

Im Versorgungsnetzwerk dominierte, 9 Aussagen zufolge, Interesse oder positive Resonanz. Dabei wurde von den Externen einerseits die Anstrengung zu multidisziplinärer Behandlung im Team auf den Stationen sowohl wahrgenommen als auch gewürdigt. Andererseits wurde als wichtigster Faktor *auch von den Externen die dort vertretende bedürfnisorientierte Grundhaltung und damit verbundene Wertschätzung gegenüber dem Patienten betont.*

Ein Befragter beschrieb dies exemplarisch und sah in diesen Neuerungen auch einen entscheidenden Wirkfaktor für die Therapie:

> „Auf der Patientenebene, hatte ich das Gefühl, kriegen die unheimlich viel Aufmerksamkeit. Das ist eine Riesenleistung, wenn nicht nur ein Therapeut, ein Sozialarbeiter, ein Pfleger, sondern ein ganzes Team ganz fokussiert die Aufmerksamkeit auf eine Person

richtet. Ich denke, das ist das, was viele wirklich brauchen. Das ist eine Form von Wertschätzung für die Person und nicht für die Krankheit, sondern für das, was diesen Menschen vielleicht krank gemacht hat und das, was helfen kann, aus dieser Krankheit rauszukommen. Also das ist der wichtigste Aspekt, dass da wirklich mit einer Methode gearbeitet wird, die dem Patienten eine Form von Zuwendung zukommen lässt, die er sonst so vielleicht nicht kriegt."

[Mitarbeiter im Sozialpsychiatrischen Dienst]

Dieses Erleben verstärkte sich bei den Mitarbeitern aus dem Versorgungsnetzwerk, die zusätzlich auch mit anderen Kliniken ohne systemtherapeutischen Behandlungsansatz zu tun hatten. Sie nahmen einen deutlichen Kontrast war:

„Es ist schon ein Unterschied, ob ich jetzt hier hingehe oder nach D. oder nach K. Es gibt die Form, der Angehörigengespräche nicht überall, auch nicht überall in der Psychiatrie. In K. erlebe ich, dass ich hinkomme und erstmal gefragt werde, was ich denn da will. Ich bin eine Einrichtungsleitung. Dann sage ich, ich komme stellvertretend für die Angehörigen, weil viele unserer Bewohner keine Angehörigen haben und außerdem auch um zu sehen, dass es dem Bewohner auch wieder einigermaßen gut geht, wenn er zurückkommt. Ich habe da schon ein Interesse, und das wird in K. nicht verstanden. Das ist eine relativ gute und große Psychiatrie, aber es wird dort nicht so gehandhabt. Das kann man schon auch merken, dass da gar nicht so der Wunsch nach einem Austausch ist."

[Leiter eines Wohnheims für Psychiatrieerfahrene]

Eine Folge dieser offeneren Kommunikation war eine wesentlich verbesserte Zusammenarbeit zwischen der jeweiligen Station und umgebenden komplementären Einrichtungen (6 Nennungen):

„Kurze Wege, Absprachen waren schnell möglich, auch vertrauensvolle Absprachen. Man konnte sich auf die Worte verlassen. Es ging so im Gleichtakt, man hatte so das Gefühl, gerade auf [Probandenstation 2], die haben auch so eine ähnliche Grundhaltung, eine Wertschätzung den Leuten gegenüber. Die geben sich sehr sehr viel Mühe auch mit relativ schwierigen oder fast aussichtslosen Leuten. Aber sie fangen immer wieder an und haben viel begleitet. Und das war auch unser Konzept im Wohnverbund. Das deckte sich. Also diese Kultur, die Vorstellung von Arbeit, von guter Arbeit deckte sich."

[Leiter eines Wohnheims für Psychiatrieerfahrene]

Dabei wurden *vereinzelt* und nach Anstoß durch öffentlichkeitswirksame Veranstaltungen der Kliniken sogar *Elemente Systemischer Therapie oder deren in der Klinik erarbeiteten Ergebnisse von Einrichtungen des Versorgungsnetzwerks übernommen*:

„Da gibt es sicherlich noch eine Reihe von Dingen, die uns durch die Lappen gegangen sind: Dass wir z. B. bis zu der SYMPA-Tagung gar nie daran gedacht haben, zu fragen: Haben sie ein Genogramm gemacht und bringen sie das mit? Das haben wir nicht gemacht. Das tun wir jetzt und fragen das."

[Psychologe in einer beruflichen Integrationseinrichtung für Psychiatrieerfahrene]

Häufiger wurde aber auch von den befragten Stationsmitarbeitern selbst darauf hingewiesen, dass die Einführung systemischer Praxis *bei überweisenden, niedergelassenen ärztlichen Kollegen keine Beachtung* fände (7 Nennungen). Das meist einzige Kommunikationsmedium zwischen Klinik und ambulantem Bereich stellten die Entlassbriefe dar, die aber überhaupt selten wahrgenommen wurden:

„Niedergelassene Kollegen nehmen das eigentlich überhaupt nicht war. Höchstens über die Entlassbriefe, wenn sie die lesen. Da bin ich mir nicht sicher, wie weit niedergelassene Kollegen die überhaupt lesen. In den Briefen schreiben Kollegen oft genau von den stattgefundenen Familiengesprächen, Paardynamiken, den systemischen Intervisionen usw. Ich glaube aber, dass das wenig gelesen wird."

[Ärztin]

Mangelnder Austausch zwischen weiterführenden Einrichtungen und den Kliniken war ein seltener erwähntes Problem (4 Nennungen). Ein Externer beschrieb dazu anschaulich die für ihn schwierige Situation, wenn er einen seiner Klienten auf der Station besuchte:

„Dann kommt man manchmal auf eine Station und ist als Außenstehender erst mal orientierungslos, wen spreche ich denn jetzt überhaupt an. Darf ich den jetzt ansprechen, damit der nicht wieder beleidigt ist? Ist der Bezugsbetreuer von dem und übergehe ich dann irgendjemanden? Das macht mir manchmal zu schaffen. Spreche ich mit dem Klienten allein, kriege ich hinterher zu hören: Der bezieht uns gar nicht ein, der kommt einfach auf die Station, redet mit denen, wir wissen gar nicht Bescheid."

[Psychologe in einer beruflichen Integrationseinrichtung für Psychiatrieerfahrene]

Vereinzelt meinten jedoch die Stationsmitarbeiter auch eine gewisse *Unerwünschtheit der mit SYMPA verbundenen patientenzentrierteren Arbeitsweise bei den Externen* festzustellen (3 Nennungen). Die dazu beitragenden Gründe waren schwierig zu identifizieren. Auf der einen Seite wurde dem Versorgungsnetzwerk eine unzureichende Kenntnis Systemischer Therapie zugeschrieben, auf der anderen Seite dort aber auch ein Desinteresse bezüglich der neuen Therapieform ausgemacht, was aber wiederum auch auf ihre Neuartigkeit zurückgeführt wurde:

„Wir haben mal versucht, ein systemisches Gespräch hinzukriegen mit dem Wohnverbund, mit dem wir eigentlich gut zusammenarbeiten. Da haben die sich mit Händen und Füßen dagegen gewehrt, weil sie das nicht für sinnvoll hielten, die beiden [Parteien] an einen Tisch zu kriegen. Das fand ich auch eher frustrierend, da ich gedacht hab, das sind doch Professionelle. Die kannten die Methode nicht und waren dann so skeptisch, dass sie das nicht mitgemacht haben. Es ging um ein Paargespräch. Das hielten die überhaupt nicht für sinnvoll. Es hat auch nicht stattgefunden in dem Rahmen dann. D.h. die sind da nicht genügend informiert oder überhaupt nicht begeistert."

[Gesundheits- und Krankenpflegerin]

Schließlich wurden die *Auswirkungen der neuen Behandlungsform im patientenbezogenen Problemsystem* erfragt. Auf Seiten der Angehörigenverbände wurden eher Befürchtungen erweckt, erneut mit theoretisch wie empirisch überholten Mustern familiärer Pathologisierung und damit verbundenen Schuldzuweisungen konfrontiert zu werden:

> „Die Angehörigenverbände nehmen es wahr, aber ich glaube, dass sie eher zu den Skeptikern gehören. Die Angehörigen, die hier herkommen gehören nicht zu den Skeptikern, weil sie erfahren, wie dann tatsächlich der Kontakt ist. Die Verbände haben aber, glaube ich, die Befürchtung, dass damit verbunden ist, dass auch wieder so auf eine andere Art und Weise eine Schuldzuweisung gemacht wird und dass sie in die Verantwortung genommen werden. Die erleben weniger den Kooperationsaspekt und dass sie eigentlich eingeladen werden, bei der Lösung von Problemen zu helfen."
>
> [Ärztin]

Neben vereinzelten Berichten über ausbleibende Resonanz im Problemsystem (6 Nennungen) wurde auch beschrieben, dass *Patienten und ihre Angehörige irritiert* waren von der neuen Behandlungsweise, z.B. Zirkulärem Fragen, mit der ihnen begegnet wurde (6 Nennungen). Im Extremfall war die Angst vor dem Unbekannten dabei so hoch, dass sie sich den geplanten Interventionen entzogen:

> „Also viele sind schon irritiert von diesen Elementen oder von dieser Frageweise. Auf einmal wird der Vater gefragt, was die Mutter wohl denkt. Das ist eine ganz komische Sache. Das fällt den Leuten schon auf. Die sind schon auch irritiert. Oftmals sind die Leute irritiert, wenn wir die z.B. zu einer Intervision einladen. Dann kommen die. Dann sitzen da eine ganze Menge Leute, und die haben oftmals keinen Mumm. Viele sagen kurz vorher ab, weil sie sich es, glaube ich, nicht zutrauen."
>
> [Gesundheits- und Krankenpfleger]

Insgesamt dominierten *positive Rückmeldungen die Reaktionen sowohl bei Patienten als auch aus ihrem Umfeld* (19 Nennungen). Dabei konnte das Konzept des „Kooperationspartners auf Augenhöhe" auch mit den Angehörigen umgesetzt werden.

Sie bekamen durch die Teilnahme an den Interventionen auch eine Plattform, in ihren Problemen und Leiden gehört zu werden:

> „Zum Beispiel haben Angehörige formuliert, dass sie als Ansprechpartner auch gesehen werden, dass sie nicht außen vor stehen und dass sie die Möglichkeit bekommen, auch mal ihre Situation darzustellen und zu sagen, wie geht es mir eigentlich mit einem kranken Menschen in meiner Familie, in meiner Umgebung."
> [Beauftragte für das Qualitätsmanagement]

Dies gelang vor allem dadurch, dass bei den Mitarbeitern in den Kliniken eine hohe Sensibilität dafür bestand, den *Einbezug des Patientenumfelds nicht über pathologisierende, Schuldzuweisungen implizierende Deutungen* zu verwirklichen. Vielmehr wurde zusätzlich aus dem Bewusstsein heraus, dass gerade die stationäre Psychiatrie im gesellschaftlichen Erleben durch streckenweise auch diffamierende Stereotype geprägt ist eine behutsame Annäherung in der Arbeit mit den Angehörigen verfolgt:

> „Es geht darum, diesen Kontext herzustellen, sich nicht schuldig fühlen zu müssen oder dass man als Angehöriger sich auch von jetzt auf gleich mit dem Thema Psychiatrie auseinandersetzen muss, was nicht immer einfach ist. Ich meine, wir müssen immer schauen, wie unser Image in der Öffentlichkeit ist und wenn man sieht, wie das Image der Psychiatrie in der Öffentlichkeit nach wie vor ist, dann ist natürlich Angehörigenarbeit eine ganz wichtige Geschichte. Wichtig ist, dass die auch begleitet werden, wenn sie sich mit der Krankheit des Familienmitgliedes oder des Freundes auseinanderzusetzen aber auch mit der Situation ‚Ich fahr in die Psychiatrie und das ist ok, das ist ein Krankenhaus' Die Öffentlichkeit will immer noch nicht wahrhaben, dass die Seele eben auch krank werden kann."
> [Beauftragte für das Qualitätsmanagement]

Insgesamt wurde mit diesen Mitteln ein *verstärkter Einbezug* nicht nur des psychiatrischen Versorgungsnetzwerkes sondern auch *des patientenbezogenen Problemsystems* selbst erreicht (12 Nennungen):

„Der positive Aspekt ist, glaub ich, dass das [die neu eingeführte Behandlungsweise] sehr stark dazugeführt hat, noch mehr als es vorher schon der Fall war, andere Personen miteinzubeziehen in die Behandlung: Betreuer, Familienangehörige und wer sonst zum Komplementärversorgungsbereich gehört. Das hat da sicherlich zu viel Veränderung geführt."

[Arzt]

Für die Angehörigen selbst war die Teilnahme an den verschiedenen Interventionen initial oftmals eine Herausforderung, jedoch zeigte sich im weiteren Verlauf, dass durch die um systemische Elemente erweiterte Behandlungsweise und das resultierende gemeinsame Bemühen um *konsensfähige Passungen innerhalb des Problemsystems*, schmerzhaftere, radikalere Lösungen z.B. mit Beziehungsabbrüchen vermieden werden konnten.

„Ich meine, das einzelne Gespräch war nicht immer angenehm – das ist klar. Aber insgesamt glaube ich auch nicht, dass das ohne diese Angehörigengespräche innerfamiliär so gut gelaufen wäre, wie es gelaufen ist. Dann hätten wir vielleicht schon den Kontakt ganz abgebrochen. Da führ ich schon ganz viel drauf zurück. Wir hatten, als es darum ging, dass wir den Eindruck haben, wir können nicht mehr mit unserem Sohn unter einem Dach leben, ihn aber nicht rausschmeißen wollten, weil er ja krank ist, drei systemische Sitzungen auch. Und die haben uns dann auch geholfen, das so zu lösen, dass keiner sich irgendwie rausgeschmissen oder drangsaliert vorkam."

[Mutter eines mit Schizophreniespektrumstörung diagnostizierten Sohnes]

"Thus the picture is linked with reality; it reaches up to it.
It is like a scale applied to reality.
Only the outermost points of the dividing lines
touch the object to be measured."
[Ludwig Wittgenstein]

5. Diskussion

5.1 Beobachterbias qualitativer Forschung

Der in der Systemischen Therapie begründete Ansatz auf den Stationen versteht die Entwicklung von Individuen und Familienbeziehungen durch Untersuchung von zirkulär-kausalen, aufeinander bezogenen Prozessen auf verschiedenen Ebenen im Umfeld des jeweiligen Patienten. Auch die damit verbundenen Effekte auf Mitarbeiter- und Organisationsebene sind durch das linear-kausale Modell statistischer Methoden schwer nachweisbar (Asen, 2002; Cox und Paley, 1997; Larner, 2004), weswegen in dieser Studie ein hauptsächlich qualitativer Zugang gewählt wurde. Qualitative Forschung beinhaltet laut Greenhalgh (2005) einen allgemeinen Beobachterbias, den es auch bei vorliegender Methodenangemessenheit zu berücksichtigen gilt: die Ausarbeitung eines theoretischen Rahmenmodells, das in der vorliegenden Inhaltsanalyse Grundlage für die Hauptkategorien war, sowie die Dateninterpretation selbst setzen eine höhere Vertrautheit des Forschers mit dem zu untersuchenden Material voraus als bei der Anwendung quantitativer Methoden. Moon et al. (1990) betonen in diesem Zusammenhang

> „cognitive limitations on naturalistic data processing, such as the tendency of the human mind to select data in such a way that it confirms tentative hypotheses and the tendency of first impressions to endure even in the face of considerable contrary data."

Diese dem Forscher eigene Expertise ist jedoch gerade Voraussetzung für seine aktive Mitwirkung an der Datenproduktion, dem Verständnis der gewonnenen Daten und dem Auffinden neuer Fragestellungen im Forschungsfeld (Malterud, 2001a). So sieht Burck (2005) die thematische Vertrautheit systemtherapeutisch qualifizierter Forscher gerade bei Interviewstudien eher als einen begünstigenden Faktor:

> „[...] they are almost all extremely skilled interviewers, trained to follow feedback and unpack meanings, able to entertain and elicit multiple and contradictory perspectives, and to keep an eye on themselves as interviewers."

Von verschiedener Seite (Bogner und Menz, 2005a) wird daher speziell zur Verhinderung eines „rhetorischen Interviews" gefordert, dass der qualitativ Forschende sowohl sein Erkenntnisinteresse wie auch seinen eigenen thematischen bzw. fachlichen Standpunkt offenlegt unter der Annahme, dass Neutralität rekonstruierender Organisationsforschung unglaubwürdig wirkt. In der vorliegenden Studie wurde das Erkenntnisinteresse über eine ausführliche Beschreibung des theoretischen Rahmenmodells und seiner Herleitung beschrieben, um eine möglichst hohe Konstruktvalidität zu erzielen. Dabei muss einschränkend darauf hingewiesen werden, dass auch das hier verwendete Rahmenmodell und die aus ihm generierten sechs Hauptkategorien das Risiko bergen, nicht ausreichend einzelfallsensitiv zu sein. Es ist nicht auszuschließen, dass einzelne Interviewaussagen zur Klärung übergreifender Fragen aus ihrem unmittelbaren Zusammenhang gerissen worden sind. Dem wurde bereits während der Inhaltsanalyse durch eine hohe Offenheit auf den induktiv gewonnen Ober- bzw. Subkategorienebenen vorgebeugt. Die Analyse zur Implementierung systemischer Behandlungspraxis auf allgemeinpsychiatrischen Stationen und damit verbundenen Veränderungen der organisationalen Strukturen stützte sich hauptsächlich auf das berichteten Betriebswissen von den als Experten definierten Stationsmitarbeitern. Hierzu ist anzumerken, dass deren konkretes Handlungsfeld zusätzlich von personenunabhängigen, übergeordneten Einflussfaktoren geprägt wird. Diese wurden in den Interviews zwar (z.B. als psychiatrieeigene Systemrationalitäten) thematisiert, jedoch wurden hierzu keine objektiven Befunde (z.B. tatsächliche Belegungszahl oder Personalschlüssel) erhoben. Es war daher keine Gegenüberstellung in den Kategorien verankerter intersubjektiver Inhalte mit empirisch gemessenen Eckdaten möglich. Dennoch begründete sich die quasistatistische Analyse des zugrundeliegenden Textmaterials im theoretisch begründeten Sampling und dem halbstandardisierten leitfadenbasierten Fragevorgehen der Studie, womit einem potentiellen Schwachpunkt qualitativer Studien verbeugt wurde:

> „[...] the scientific logic of statistics and transferability is far from accomplished in a non-representative sample in which questions were not asked in a standardised way to all participants"
> (Malterud, 2001b).

Halbstandardisierung und Leitfadenbasierung der Interviews begrenzen neben möglicher Gegenübertragungseffekte beim Interviewenden auch den Publikumseffekt auf Seiten des Interviewten, bei dem der Befragte den Interviewer als Mittelsmann seiner Botschaften betrachtet und ein – imaginäres – Publikum als Bezugsrahmen des Gesprächs voraussetzt (Meuser und Nagel, 2005). Insgesamt wurde mit dem qualitativen Vorgehen unter Inkaufnahme ihrer eingeschränkten Generalisierbarkeit auf eine hohe interne Validität der Ergebnisse abgezielt, um die Multiperspektivität der am Projekt beteiligten Akteure kohärent abzubilden. Dabei bleibt jede Interpretation sprachlichen Materials, auch durch qualitative Inhaltsanalyse, [...] immer prinzipiell unabgeschlossen. Sie birgt immer die *Möglichkeit der Re-Interpretation"* (Mayring, 2003).

5.2 Reflexion der Ergebnisse

Auf allen Stationen konnte ein konsensfähiger, umsetzbarer Therapieplan für die systemtherapeutisch erweiterte Behandlungsroutine gewonnen werden. Dabei wurde über den gesamten Zeitraum des Projekts von 2003 bis 2008 trotz hoher Personalfluktuation für mindestens die Hälfte der Mitarbeiter ein solides Weiterbildungsniveau gleichwertig zum einjährigen Grundkurs in Systemischer Therapie und Beratung erreicht. Dies gelang insbesondere auch für die stark von Rotation betroffenen Assistenzärzte in fachärztlicher Weiterbildung. Als Kerninterventionen beinhaltete der Therapieplan die Auftrags- und Therapiezielklärung, das Genogramminterview sowie das systemische Angehörigengespräch. Bei hohem Anwendungsniveau für Auftrags- und Therapiezielklärung sowie Angehörigengespräche auf allen Stationen fanden sich für Genogramminterview und Reflecting Team statistisch signifikante Unterschiede zwischen den Stationen bezüglich der Anwendungshäufigkeit. Es ist zu vermuten, dass diese ressourcenintensiveren Interventionen im Stationsablauf nur spezialisiert durchführbar waren. Durch Auftrags- und Therapiezielklärung wurden Ressourcen auf Mitarbeiterseite eingespart und laut den Aussagen der Mitarbeiter kürzere Aufenthaltsdauern bewirkt. Dieser aus Vorarbeiten bekannte Effekt könnte sich durch die in vorausgehenden Untersuchungen (Nicolai et al., 2001a; Ruf, 2000) beschriebene frühzeitige Abklärung von Überweisungskontext, Problembeschreibungen und ggf. divergierende Erwartungen im Patientensystem begründen lassen, so beschreiben Nicolai et al. (2001a) eine

> „Arbeitserleichterung, wenn die Vorstellungen der PatientInnen und Angehörigen zur effektiven Abstimmung von Behandlungsstrategien genau erfragt und für den Behandlungserfolg genutzt werden."

In ihrer Durchführung mit schwierigen Patienten, z.B. mit BPD, wurde sie ambivalent beurteilt. Dies stützt die Beobachtung einer großen Studie im versorgungsklinischen Setting, nach der spezielle Psychotherapie bei Patienten mit Persönlichkeitsstörungen einen signifikant negativen Einfluss auf die psychosoziale Leistungsfähigkeit hat (Hübner-Liebermann et al., 2002). Offenbar erweist sich gerade in diesen Fällen ein pragmatischer, multimodaler Therapieansatz als tragfähig. Genogramminterviews erwiesen sich als Möglichkeiten zur Übermittlung der für systemische Praxis charakteristischen wertschätzenden Grundhaltung und lieferten wichtige biographische Informationen „in a way that is accessible and clarifying" (Rait und Glick, 2008a). Die Anwendungshäufigkeit von Genogramminterviews ist niedrig, jedoch erweisen sie sich gerade bei chronifizierten, immer wieder aufzunehmenden Patienten als probater Anknüpfungspunkt sowohl für die spätere Wiederaufnahme der therapeutischen Beziehung als auch das erneute Generieren von Hypothesen. Unklar bleibt, inwieweit und nach welchen Kriterien anknüpfende Interventionen in Abhängigkeit von den Inhalten der einzelnen Genogramminterviews gewählt wurden. Wann lohnte es sich beispielsweise mehr ein dyadisches Vorgehen mit dem Patienten zu wählen und wann war die Einbindung der Familie bzw. Angehörigen dringlicher erforderlich? Diesbezüglich erscheint es lohnenswert, in zukünftigen Untersuchungen spezifischere Algorithmen für systemische Praxis im psychiatrischen Kontext zu gewinnen. Systemische Angehörigengespräche wurden fester Bestandteil des Therapieplans und entsprechend häufig angewandt. Sie wirkten vertrauensbildend und waren das zentrale Mittel zur Herbeiführung einer tragfähigen Beziehung zwischen dem therapeutischen Team und dem patientenbezogenen Problemsystem, welche als eine der Hauptwirkfaktoren für Psychotherapie im Allgemeinen gilt (Grawe, 1999). Der im SYMPA-Projekt realisierte Therapieplan trug damit auch Forderungen nach stärkerer Bindung des Patienten an den Therapeuten als dies klassische (v. a. strategische) Konzepte Systemischer Therapie vorsehen Rechnungen (Braverman, 1993). Es sollte damit einer der Schwächen Systemischer Therapie begegnet werden, das Ausmaß systemischer Auswirkungen auf die individuelle Entwicklung und Psychopathologie zu vernachlässigen (Green und Herget, 1991). Offen bleibt allerdings, inwieweit in den einzelnen Gesprächen selbst der genuin zirkuläre Ansatz systemischer Angehörigengespräche verfolgt wurde und Parameter für ihre fallrekonstruktive respektive psychoedukative Gestaltung entwickelt wurden. Das Reflecting Team erwies sich als eine Intervention für Ausnahmesituationen mit besonders schwierigen Patienten nicht zuletzt aufgrund seines hohen organisatorischen Aufwandes. Gelang die Durchführung, so führte es jedoch auch auf Mitarbeiter zur Motivationserhöhung und betonte indirekt die Bedeutung eines gelungenen Teamklimas für die Stationsarbeit (Clarke und Rowan, 2009).

Auf der Organisationsebene erwies sich die Initiative und Unterstützung der Leitung als wesentlichste Kontextvariable für die Implementierung systemtherapeutischer Elemente auf den Stationen. Phasenweise erlebten die Mitarbeiter bei hoher Belegung und resultierender Minimalversorgung der Patienten auch Dissonanzen zwischen den Vorgaben der Leitungsebene und den tatsächlichen Rahmenbedingungen auf Station: „Ver-Handlungsspielräume" (Nicolai et al., 2001a) fehlten dann. Auch in diesen Phasen eingeschränkter Umsetzungsmöglichkeiten den einzelnen Interventionen und erhöhten Handlungsdrucks gelang es den Mitarbeiter dennoch, die Ressourcenorientierung im Hinblick auf das Erleben der Patienten beizubehalten. So konnte nachhaltig eine an den Bedürfnissen der Patienten orientierte therapeutische Grundhaltung etabliert werden, die einen der wesentlichsten Effekte des gesamten Projektes darstellte. Die Einführung von Bezugspersonenarbeit gestaltete sich aufgrund geringer zeitlicher Ressourcen generell schwierig. Auf der einen Station, der dies kontinuierlich gelang, zeigte sich neben weniger Verlust patientenbezogener Informationen auch eine stärkere Berücksichtigung von dyadischen Beziehungsaspekten zwischen dem Patienten und dem Ansprechpartner im therapeutischen Team. Innerhalb des therapeutischen Teams bildete sich eine kooperierende Rollenwahrnehmung durch offeneren Austausch und interdisziplinäre Einarbeitungsstrategien bei verringertem Hierarchieerleben auch durch deutlich erhöhtes Kompetenzerleben der Pflege. Die neue Aufteilung in der Durchführung der Interventionen brachte jedoch auch Koordinationsprobleme mit sich, die zumindest initial zeitintensivere Absprachen erforderte. Denkbar wäre an dieser Stelle die Einführung des erstmals von Borst (2007) „Critical Incident Reporting System" zur zukünftigen Fehlervermeidung und reibungsloseren Koordination. Die therapeutischen Mitarbeiter fühlten sich aber auch durch die vermehrte Mitverantwortlichkeit der Pflege entlastet. Speziell in Akutsituationen mit Indikation zur Fixierungs- und Zwangsmedikation erschien laut großem Konsens der Mitarbeiter angesichts des hohen Handlungsdrucks eine kontextangemessene Markierung der unten den gegebenen strukturellen Bedingungen formalen Verantwortlichkeit des ärztlichen Personals notwendig. Hier erwies sich Hierarchie als unverzichtbar,

> „da sie Kommunikation überflüssig macht. Wo es darum geht, schnelle Entscheidungen zu treffen, gibt es keine bessere Möglichkeit, effizient koordiniert zu handeln, als einem das Kommando zu übertragen und ihm zu folgen" (Simon, 2008).

Den in Weiterbildung befindlichen und damit der Rotation unterliegenden Assistenzärzten wurde von den anderen Berufsgruppen Desinteresse und geringe Motivation bezüglich der Implementierung systemischer Interventionen zugeschrieben. Von einer Klinik wurde bei der Nachbesprechung der hier vorgestellten Ergebnisse mitgeteilt, dass Assistenzärzte nun als Konsequenz aus dieser Erfahrung länger auf einer Station verweilen. Insgesamt bleibt unklar, wie es gelingen kann,

> „ÄrztInnen trotz ihrer vorübergehenden Zugehörigkeit zu den Stationen ein Ankoppeln zu ermöglichen, ohne die Pflegedienstkräfte wieder in die Rolle der AnweisungsempfängerInnen zurückzuversetzen" (Nicolai et al., 2001a).

Eine Verbreitung der Inhalte systemischer Behandlungsroutine innerhalb der Klinik fand vor allem durch den Stationswechsel erfahrener SYMPA-geschulter Mitarbeiter statt, was jedoch auf den Probandenstationen eine höhere personelle Instabilität bedingte und damit die Routine gefährdete. Um dieser Entwicklung entgegenzuwirken wurden neben stationsübergreifenden, internen Schulungen in allen Kliniken in einer Klinik nach Besprechung der hier vorgestellten Ergebnisse auch spezielle „Tandemtreffen" zwischen einer Probandenstation und einer in systemischen Interventionen unerfahrenen Station organisiert, um den Wissenstransfer nicht auf Personalwechsel zu gründen.

Auf Umweltebene zeigte sich, dass auch Kooperierende aus dem psychiatrischen Versorgungsnetzwerk eine bedürfnisorientierte Haltung und Wertschätzung auf den Probandenstationen wahrnehmen konnten. Die Kommunikation zwischen Klinik und Externen gestaltete sich offener, wobei dies nicht für die überweisenden, niedergelassenen Ärzte zutraf. Der mit ihnen ausbleibende Austausch wurde von den befragten Mitarbeitern jedoch eher als ein generelles Problem geschildert, so dass fraglich bleibt, ob es sich dabei um einen SYMPA-spezifischen Effekt handelt. Vereinzelt wurde ein mangelnder Austausch beklagt, weil den Externen konkrete Ansprechpartner auf den Stationen fehlten. Es bleibt offen, ob dieser Effekt weniger deutlich ausgefallen wäre, wenn die Bezugspersonenarbeit verstärkt umgesetzt worden wäre. Insgesamt bleibt festzuhalten, dass niedergelassene Ärzte und externe Kooperationspartner von den Kliniken noch zu wenig „als kostenlose Qualitätssicherung" genutzt werden und ausreichende „Kommunikations- und Feedbackschleifen" mit Überweisenden, Krankenkassen, Kliniken, Sozialpsychiatrischen Diensten fehlen (Nicolai et al., 2001a). Im patientenbezogenen Problemsystem fand sich bei insgesamt sehr positiven Rückmeldungen streckenweise Irritation und Skepsis gegenüber der neuen Behandlungsroutine, die vor allem auf der Ebene der Angehörigenverbände auch im Zusammenhang mit pathologisierenden, implizit schuldzuweisenden Konzepten klassischer Familientherapie standen, die sich empirisch als nicht haltbar erwiesen haben (Lidz und Lidz, 1949). Diesen Vorbehalten sollte durch eine umfassendere Aufklärungsarbeit begegnet werden.

> *„The concept of communication includes all of those processes by which people influence one another... This definition is based on the premise that all actions and events have communicative aspects, as soon as they are perceived by a human being"*
> *[Jürgen Rüsch & Gregory Bateson]*

6. Zusammenfassung und Ausblick

Einleitung: Im Rahmen des multizentrischen Pilotprojektes SYMPA (Systemtherapeutische Methoden psychiatrischer Akutversorgung) wurde erstmals in Deutschland versucht, ein systemtherapeutisch erweitertes, strukturiertes Behandlungskonzept auf Akutstationen in drei allgemeinpsychiatrischen Kliniken einzuführen und gleichzeitig wissenschaftlich zu evaluieren. Ziel war der Einbezug von Patienten und deren Angehörigen in den Therapieprozess auf Basis eines gemeinsam geteilten Fallverständnisses. Dieses konzeptualisiert die Symptomatik im Kontext der sozialen, beruflichen und lebensgeschichtlichen Situation des Patienten als sinnstiftend und funktional. Bewusst sollte auf eine einseitig pathologisierende Sichtweise der Krisensituation verzichtet werden und die Stärkung der Eigenverantwortlichkeit des Patienten und seiner Bezugssysteme wann immer möglich befördert werden. Hierzu wurden die kompletten Stationsteams von 2003 bis 2005 parallel zur laufenden klinischen Tätigkeit hierarchieübergreifend und multiprofessionell im Umfang des einjährigen Grundkurses der dreijährigen Ausbildung „Systemische Therapie und Beratung" (DGSF/SG) weitergebildet. Vor dem Hintergrund erster Ergebnisse im Bereich des Patienten-Outcome sowie positiven Veränderungen im Belastungserleben der Mitarbeiter befasste sich die vorliegende Studie mit:

1. der Frage der nachhaltigen Anwendung der erlernten Methoden im Langzeitverlauf drei Jahre nach Projektende

2. Hinweisen auf Veränderungen in der Organisationskultur

3. organisationalen Hindernissen für einen systemtherapeutischen Ansatz im gegenwärtigen Kontext der stationären Allgemeinpsychiatrie

Methodik: Unter Verwendung eines aus der Sozialforschung bekannten between-method Designs nach Denzin wurde die Triangulation einer qualitativen (Experteninterviews) mit einer quantitativen Methode (Fragebogenerhebung) gewählt. Zunächst wurden die Mitarbeiter (N=51, response rate: 70.0%) über eine Fragebogenerhebung mit dem selbstentwickelten Systemic Interventions Questionnaire (SIQ) um die Einschätzung der Anwendungshäufigkeit und Durchführungsweise vier systemtherapeutischer Kerninterventionen gebeten (Auftrags- und Therapiezielklärung, Genogramminterview, systemisches, d. h. von Zirkulärem Fragen geprägtes Familiengespräch sowie Reflecting Team). Die statistische Datenaufbereitung erfolgte mehrheitlich deskriptiv sowie per varianzanalytischer Auswertung von Unterschieden zwischen den Stationen. In einem zweiten Schritt wurden schwerpunktmäßig Veränderungen zur Organisationskultur sowie organisationale Hindernisse in per Leitfaden halbstrukturiert geführten Experteninterviews mit den Mitarbeitern (N=56, mean duration: 42 min) erfragt und aufgezeichnet. Nach Transkription unterlief das Textmaterial einer qualitativen Inhaltsanalyse nach Mayring, d. h. im zentralen Analyseschritt wurde ein Kategoriensystem iterativ auf die Texte angewendet. Bei theoriegeleitet (top-down) feststehenden und an 11% des Textmaterials validierten Hauptkategorien wurde eine wiederholte, am Textmaterial begründete (bottom-up) Änderung der Subkategorien gefordert. Die zirkuläre Textanalyse (Qualitative Data Analysis, QDA) erfolgte mit der QDA-Software ATLAS.ti 5.0. Der endgültige Codierleitfaden enthielt neben den sechs vorgegebenen Hauptkategorien 185 Variablen einschl. 19 Oberkategorien, 8 Subkategorien und 158 Codes. In der Darstellung der Ergebnisse wurde die mit den beiden Methoden gewonnen Daten zusammengeführt.

Ergebnisse: Auftrags- und Therapiezielklärung wurde auf hohem Anwendungsniveau (mit mehr als 75% der Patienten) über alle Stationen hinweg unter flächendeckender Integration in die Dokumentation implementiert. Auch im Langzeitverlauf ist dies die zentrale Intervention zur schnellen Informationssammlung über das Problemsystem. Genogramminterviews wurden auf niedrigem Anwendungsniveau (mit weniger als 25% der Patienten) mit deutlichen Unterschieden zwischen den einzelnen Stationen etabliert. Sehr geeignet war diese Intervention bei immer wieder aufzunehmenden „Drehtür-Patienten", bei denen es als Anknüpfungspunkt für neueinsetzende bzw. weiterführende Therapien fungierte. Systemische Familiengespräche wurden auf hohem Anwendungsniveau auch im Langzeitverlauf (1-2 Gespräche pro Woche) über alle Stationen hinweg implementiert. Es gestaltete sich in seiner zirkulär gestalteten Form stärker therapeutisch und fallrekonstruierend als die etablierten psychoedukativen Gespräche. Im subjektiven Erleben der Mitarbeiter erzeugte diese Intervention im Langzeitverlauf die höchste Zufriedenheit bei zunehmend effizienterer Umsetzung. Das Reflecting Team wies ein niedriges Anwendungsniveau auf. Im Langzeitverlauf ergab sich bei hohem Organisationsaufwand ein deutlicher Rückgang in der Nutzung. Einigen Stationen gelang die Umsetzung überhaupt nicht mehr. In der Organisationskultur fielen die Initiative der Klinikleitungen zur Anregung einer partizipativen, fächerübergreifenden Zusammenarbeit sowie eine intensivierte Kooperation unter Aufwertung der Profession der Pflege. Größte Bedeutung maßen die Mitarbeiter der neu entwickelten bedürfnisorientierteren Umgehensweise mit Patienten und untereinander zu. Schwer in Einklang mit der systemtherapeutisch erweiterten Behandlungspraxis zu bringen waren die unklare Rolle der in Rotation befindlichen Assistenzärzte, der weitläufige Personalmangel sowie tendenzielle Überbelegung der Stationen.

Ausblick: Das SYMPA-Projekt hat in sieben Jahren (2002 bis 2009) zeigen können, dass ohne zusätzliches Personal, mit aktiver Unterstützung der Chefärzte, mit den Mitteln einer berufsgruppenübergreifenden gemeinsamen Weiterbildung aller Stationsmitarbeiter, eines verbindlichen Handbuches und kontinuierlicher Einarbeitung neuer Mitarbeiter, ein systemischer Ansatz auch mittelfristig auf psychiatrischen Akutstationen eingeführt und dauerhaft praktiziert werden kann. Die Erweiterung der üblichen Behandlungsroutine um systemtherapeutische Elemente zeichnete sich durch eine stärkere Orientierung an den Bedürfnissen und Ressourcen des Patienten aus und bewirkte „indepth patient understanding necessary for therapy" (Josephson, 2008) unter verstärkter Einbindung des psychiatrischen Versorgungsnetzwerkes. Bei sehr guter Praktikabilität der einzelnen Interventionen im Stationsalltag zeigte sich vor allem, dass Indikationskriterien für systemische Elemente insgesamt und von Mitarbeiter als hilfreich erachtete Algorithmen zur Verbindung der einzelnen Interventionen fehlten. Klarere Indikationskriterien für systemische Interventionen, die Aspekte der individuellen Psychopathologie berücksichtigen, würden eine Bestimmung des Zeitpunktes im patientenbezogenen Problemsystem erfordern, an dem entsprechende Interventionen am effektivsten wirken würden: „Family treatment may need to be modified to address dysfunction at different developmental phases of a disorder" (Miklowitz, 2004). Mit dem ursprünglich für kinder- und jugendpsychiatrische Fragestellungen entwickelten Darlington Family Assessment System (Wilkinson, 2000) lässt sich beispielsweise die gesamte Familienentwicklung evaluieren. Anhand der Kriterien Nähe/Distanz, Hierarchien, emotionale Stimmung und Regeln, umgebungsbezogener Stressoren werden dabei in einem semistrukturierten Interview und durch einen Fragenbogen (Darlington Family Rating Scale, DFRS) Kernprobleme im patientenbezogenen Problemsystem als Ausgangspunkt für die Therapie vorformuliert. Daran anschließend könnte in einem zweiten Schritt eine stärkere Manualisierung des therapeutischen Vorgehens in Erwägung gezogen werden. Pote et al. (2003) haben dazu bereits ein auf dem Mailänder Ansatz basiertes Manual für Forschung und klinische Praxis vorgestellt, welches auch die Durchführung therapievergleichender Head-to-head Studien erleichtern würde.

Auf Organisations- und Teamebene führte systemische Praxis zu einem offeneren Austausch zwischen den Berufsgruppen bei v. a. deutlicher Aufwertung der Pflege in ihrem Kompetenzerleben. Als hinderliche Kontextbedingungen erwiesen sich die unklare Rollenfunktion der in Weiterbildung befindlichen Assistenzärzte, dauerhafter Personalmangel und häufige Überlegung auf den Stationen. In diesen Situationen erzeugte die neue Behandlungsweise ein erhöhtes Maß an Kontingenz und damit „Konflikte darüber, welche von den vielen Möglichkeiten unter Knappheitsbedingungen vorgezogen werden soll" (Willke, 1996). Es bleibt festzuhalten, dass auch angesichts verdichteter Arbeitsabläufe, knapper personeller Ressourcen und auf Kosteneffizienz ausgerichteter struktureller Rahmenbedingungen eine systemtherapeutische Annährung nach adäquater Indikationsstellung ein sowohl für Patienten als auch Mitarbeiter effizientes Verfahren auf allgemeinpsychiatrischen Stationen darstellt.

Bibliographie

Anderson, H., and Goolishian, H.A. (1992). The Client is the Expert: A Not-knowing Approach to Therapy. In Therapy as Social Construction, S. McNamee, and K.J. Gergen, eds. (Thousand Oaks, CA, SAGE), pp. 25-39.
Anderson, H., Goolishian, H.A., and Windermand, L. (1986). Problem Determined Systems: Towards Transformation in Family Therapy. Journal of Strategic & Systemic Therapies 5, 1-13.
Asen, E. (2002). Outcome Research in Family Therapy. Advances in Psychiatric Treatment 8, 230-238.
Barrowclough, C., Haddock, G., Tarrier, N., Lewis, S.W., Moring, J., and O'Brien, R. (2001). Randomized Controlled Trial of Motivational Interviewing, Cognitive Behaviour Therapy, and Family Intervention for Patients with Comorbid Schizophrenia and Substance Use Disorders. American Journal of Psychiatry 158, 1706-1713.
Bateson, G. (1981). Ökologie des Geistes. Anthropologische, psychologische, biologische und epistemiologische Perspektiven (Frankfurt am Main, Suhrkamp).
Beierle, G., und Schiepek, G. (2002). Psychotherapie als Veränderung von Übergangsmustern zwischen "States of Mind". Einzelfallanalyse einer systemisch-ressourcenorientierten Kurzzeittherapie. Psychotherapie, Psychosomatik und Medizinische Psychologie 52, 214-225.
Berman, E., and Heru, A. (2005). Family Systems Training in Psychiatric Residencies. Family Process 44, 321-335.
Berman, E., Heru, A., and Grunebaum, H. (2006). Family Skills for General Psychiatry Residents: Meeting ACGME Core Competency Requirements. Academic Psychiatry 10, 69-78.
Bertalanffy, L.v. (1968). General Systems Theory (New York, Braziller).
Bertrando, P., Cecchin, G., Clerici, M., Beltz, J., Milesi, A., and Cazzullo, C.L. (2006). Expressed Emotion and Milan Systemic Intervention: A Pilot Study on Families of People with a Diagnosis of Schizophrenia. Journal of Family Therapy 28, 81-102.
Bloch, S., Szmukler, G.I., Herman, H., Benson, A., and Colussa, S. (1995). Counselling Caregivers of Relatives with Schizophrenia: Themes, Interventions, and Caveats. Family Process 34, 413-425.
Bock, T., und Weigand, H., eds. (2002). Hand-werks-buch Psychiatrie (Bonn, Psychiatrie-Verlag).
Boeckhorst, F. (1988). Strategische Familientherapie (Dortmund, Modernes

Lernen).
Bogner, A., und Menz, W. (2005a). Das theoriegenerierende Experteninterview. In Das Experteninterview Theorie Methode, Anwendung, A. Bogner, B. Littig, und W. Menz, eds. (Wiesbaden, VS Verlag für Sozialwissenschaften).
Bogner, A., und Menz, W. (2005b). Expertenwissen und Forschungspraxis: die modernisierungstheoretische und die methodische Debatte um die Experten. In Das Experteninterview Theorie, Methode und Anwendung, A. Bogner, B. Littig, und W. Menz, eds. (Wiesbaden, VS Verlag für Sozialwissenschaften), pp. 7-30.
Borst, U. (2007). Organisationsentwicklung an psychiatrischen und psychosomatischen Krankenhäusern. Psychotherapie im Dialog *8*, 257-261.
Braverman, S. (1993). The Limits of Systems Therapy: The Problem of Intimacy. Contemporary Family Therapy *15*, 285-297.
Bressi, C., Manenti, S., and Frongia, P. (2008). Systemic Family Therapy in Schizophrenia: A Randomized Clinical Trial of Effectiveness. Psychotherapy and Psychosomatics *77*, 43-49.
Brodbeck, F., Anderson, N., und West, M.A. (2000). TKI - Teamklima-Inventar (Göttingen, Hogrefe).
Brown, C., and Lloyd, K. (2001). Qualitative Methods in Psychiatric Research. Advances in Psychiatric Treatment *7*, 350-356.
Brown, G.W., Birley, J.L., and Wing, J.K. (1972). Influence of Family Life on the Course of Schizophrenic Disorders: A Replication. British Journal of Psychiatry *121*, 241-258.
Burck, C. (2005). Comparing Qualitative Research Methodologies for Systemic Research: The Use of Grounded Theory, Discourse Analysis and Narrative Analysis. Journal of Family Therapy *27*, 237-262.
Büssing, A., und Perrar, K.M. (1992). Die Messung von Burnout. Untersuchung einer deutschen Fassung des Maslach Burnout Inventory (MBI-D). Diagnostica *38*, 328-353.
Butzlaff, R.L., and Hooley, J.M. (1998). Expressed Emotion and Psychiatric Relapse: A Meta-analysis. Archives of General Psychiatry *55*, 547-552.
Cairns, R.B. (1983). The Emergence of Developmental Psychology. In Handbook of Child Psychology: History, Theory, and Methods Vol 1, P.H. Mussen, and W. Kessen, eds. (New York, Wiley), pp. 41-102.
Cao, Y., and Lu, A. (2007). The Influence of Systemic Family Therapy on the Quality of Life in Schizophrenic Patients. Journal of Psychological Medicine *17*, 403-404.
Carr, A. (2009). The Effectiveness of Family Therapy and Systemic Interventions for Adult-focused Problems. Journal of Family Therapy *31*, 46-74.
Caspi, A., Sugden, K., Moffitt, T.E., Taylor, A., Craig, I.W., Harrington, H., McClay, J., Mill, J., Martin, J., Braithwaite, A., *et al.* (2003). Influence of Life Stress on Depression: Moderation by a Polymorphism in the 5-HTT Gene.

Science *301*, 386-389.

Ciompi, L. (1994). Affect Logic: An Integrative Model of the Psyche and its Relations to Schizophrenia. British Journal of Psychiatry *164*, 51-55.

Ciompi, L. (2003). Für eine sanftere Psychiatrie. Zum Menschen- und Krankheitsverständnis der Affektlogik. Psychiatrische Praxis *30*, 28-36.

Clarke, G., and Rowan, A. (2009). Looking Again at the Team Dimension in Systemic Psychotherapy: Is Attending to Group Process a Critical Context for Practice? Journal of Family Therapy *31*, 85-107.

Cox, M.J., and Paley, B. (1997). Families as Systems. Annual Review of Psychology *48*, 243-267.

Crameri, A., Grünwald, H.S., und Schweitzer, J. (2009). Systemische Akutpsychiatrie - erste Outcomevergleiche. Psychiatrische Praxis *36*, 125-131.

Dahl, C.M., and Boss, P. (2005). The Use of Phenomenology for Family Therapy Research: The Search for Meaning. In Research Methods in Family Therapy, D.H. Sprenkle, and F.P. Piercy, eds. (New York, The Guildford Press), pp. 63-84.

Damasio, A.R. (2001). Ich fühle, also bin ich. Die Entschlüsselung des Bewusstseins (München, List).

De Giacomo, P., Pierri, G., Santoni Rugiu, A., Buonsante, M., Vadruccio, F., and Zavoianni, L. (1997). Schizophrenia: A Study Comparing a Family Therapy Group Following a Paradoxical Model plus Psychodrugs and a Group Treated by the Conventional Clinical Approach. Acta Psychiatrica Scandinavica *95*, 183-188.

Denzin, N.K. (2009). The Research Act. A Theoretical Introduction to Sociological Methods (Aldine Transaction).

Doherty, N.M., and Gordinier, S.W. (1999). Immediate Memory, Attention, and Communication Disturbances in Schizophrenia Patients and their Relatives. Psychological Medicine *29*, 189-197.

Engel, G.L. (1977). The Need for a New Medical Model: A Challenge for Biomedicine. Science *196*, 129-136.

Fähndrich, E., und Stieglitz, R.D. (2007). Leitfaden zur Erfassung des psychopathologischen Befundes. Halbstrukturiertes Interview anhand des AMDP-Systems (Berlin, Hogrefe).

Falloon, I.R.H., Boyd, J.L., McGill, C.W., Razani, J., Moss, H.B., and Gilderman, A.M. (1982). Family Management in the Prevention of Exacerbation of Schizophrenia. New England Journal of Medicine *306*, 1437-1440.

Fielding, N.G., and Fielding, J.L. (1986). Linking Data (Beverley Hills, Sage).

Flatten, G., Schiepek, G., Hansch, D., Perlitz, V., und Petzold, E.R. (2003). Die Wirkung von traumatischem Stress auf biopsychische Selbstorganisationsprozesse. Ein Beitrag zum Verständnis der Posttraumatischen Belastungsstörung aus der Perspektive der Synergetik. Psychotherapeut *48*, 31-39.

Flick, U. (1992). Triangulation Revisited: Strategy of Validation or Alternative? Journal for the Theory of Social Behaviour 22, 175-197.
Flick, U. (2007). Qualitative Sozialforschung. Eine Einführung (Reinbek, Rowohlt).
Foerster, H.v. (1988). Abbau und Aufbau. In Lebende Systeme Wirklichkeitskonstruktionen in der systemischen Therapie, F.B. Simon, ed. (Frankfurt am Main, Suhrkamp), pp. 19-34.
Friedrichs, J. (1973). Methoden empirischer Sozialforschung (Reinbek, Rowohlt).
Froschauer, U., und Lueger, M. (2003). Das qualitative Interview. Zur Praxis interpretativer Analyse sozialer Systeme (Stuttgart, UTB).
Froschauer, U., und Lueger, M. (2005). ExpertInnengespräche in der interpretativen Organisationsforschung. In Das Experteninterview Theorie Methode, Anwendung, A. Bogner, B. Littig, und W. Menz, eds. (Opladen, Leske & Budrich), pp. 223-240.
Fuchs, T. (2005). Ökologie des Gehirns. Eine systemische Sichtweise für Psychiatrie und Psychotherapie. Der Nervenarzt 76, 1-10.
Grawe, K. (1998). Psychologische Therapie (Göttingen, Hogrefe).
Grawe, K. (1999). Gründe und Vorschläge für eine Allgemeine Psychotherapie. Psychotherapeut 44, 350-359.
Grebe, B., Schlippe, A.v., Nicolai, E., und Schweitzer, J. (2007). Systemische Familiengespräche in der Akutpsychiatrie? Indikatoren von Organisationsentwicklung im klinischen Kontext. Familiendynamik 32, 346-366.
Green, R.J., and Herget, M. (1991). Outcomes of Systemic/Strategic Team Consultation: III. The Importance of Therapist Warmth and Active Structuring. Family Process 30, 321-336.
Greene, J.C., Caracelli, V.J., and Graham, W.F. (1989). Toward a Conceptual Framework for Mixed-Method Evaluation Designs. Educational Evaluation and Policy Analysis 11, 255-274.
Greenhalgh, T. (2005). Einführung in die Evidence-based Medicine (Bern, Verlag Hans Huber).
Greenley, J.R. (1986). Social Control and Expressed Emotion. Journal of Nervous and Mental Disease 174, 24-30.
Greve, N., und Keller, T., eds. (2002). Systemische Praxis in der Psychiatrie (Heidelberg, Carl-Auer-Systeme).
Guba, E., and Lincoln, Y.S. (1989). Fourth Generation Research (Thousand Oaks, CA, SAGE).
Haken, H. (1991). Synergetics - Can It Help Physiology? In Rhythms in Physiological Systems, H. Haken, and H.P. Koepchen, eds. (Berlin, Springer), pp. 21-31.
Haken, H., und Schiepek, G. (2010). Synergetik in der Psychologie.

Selbstorganisation verstehen und gestalten (Göttingen, Hogrefe).

Haun, M.W., Kordy, H., Ochs, M., Schweitzer, J., Zwack, J. (2012). Systemisch-familientherapeutisches Arbeiten in der Akutpsychiatrie – Nachhaltige Veränderungen des Belastungserlebens der Mitarbeiter. Psychiatrische Praxis 39, 400-406.

Haun, M.W., Kordy, H., Ochs, M., Zwack, J., Schweitzer, J. (2013). Family Systems Psychiatry in an Acute Inpatient Setting: Implementation and Sustainability Five Years after Introduction. Journal of Family Therapy 35, 159-175.

Helmchen, H. (2004). Psychiatrie im Wandel des Gesundheitssystems. Der Nervenarzt 75, 1049-1052.

Herpertz, S.C., Dietrich, T.M., Wenning, B., Krings, T., Erberich, S.G., Willmes, K., Thron, A., and Sass, H. (2001). Evidence of Abnormal Amygdala Functioning in Borderline Personality Disorder: A Functional MRI Study. Biological Psychiatry 50, 292-298.

Heru, A. (2006). Family Psychiatry: From Research to Practice. American Journal of Psychiatry 2006, 962-968.

Hoffman, P.D., Fruzzetti, A.E., Buteau, E., Neiditch, E.R., Penney, D., Bruce, M.L., Hellman, F., and Struening, E. (2005). Family Connections: A Program for Relatives of Persons With Borderline Personality Disorder. Family Process 44, 217-225.

Holsboer, F. (1994). Bestandsaufnahme der Forschung in der Neurologie, Psychiatrie und Klinischen Psychologie, Vol Bd. 26 (Bonn, Schriftenreihe zum Programm der Bundesregierung Gesundheitsforschung 2000).

Holsboer, F. (2000). The Corticosteroid Receptor Hypothesis of Depression. Neuropsychopharmacology 23, 477-501.

Hooley, J.M. (2007). Expressed Emotion and Relapse of Psychopathology. Annual Review of Clinical Psychology 3, 329-352.

Hooley, J.M., and Gotlib, I.H. (2000). A Diathesis-stress Conceptualization of Expressed Emotion and Clinical Outcome. Applied & Preventive Psychology 9, 135-151.

Hooley, J.M., Gruber, S.A., Scott, L.A., Yurgelun-Todd, D.A., and Hiller, J.B. (2005). Activation in Dorsolateral Prefrontal Cortex in Response to Maternal Criticism and Praise in Recovered Depressed and Healthy Control Participants. Biological Psychiatry 57, 809-812.

Hübner-Liebermann, B., Spießl, H., und Cording, C. (2002). Psychotherapie in der psychiatrischen Klinik. Der Nervenarzt 73, 1075-1081.

Hyman, S.E. (2000). The Millennium of Mind, Brain, and Behavior. Archives of General Psychiatry 57, 88-89.

Jick, T.D. (1979). Mixing Qualitative and Quantitative Methods: Triangulation i n Action. Administrative Science Quaterly 24, 602-661.

Jones, J.E. (1977). Patterns of Transactional Style Deviance in the TAT's of Parents of Schizophrenics. Family Process 16, 327-337.
Josephson, A.M. (2008). Reinventing Family Therapy: Teaching Family Intervention as a New Treatment Modality. Academic Psychiatry 32, 405-413.
Kandel, E.R. (1998). A New Intellectual Framework for Psychiatry. American Journal of Psychiatry 155, 457-469.
Kassner, K., und Wassermann, P. (2005). Nicht überall, wo Methode draufsteht, ist auch Methode drin. Zur Problematik der Fundierung von ExpertInneninterviews. In Das Experteninterview Theorie, Methode, Anwendung, A. Bogner, B. Littig, und W. Menz, eds. (Opladen, Leske & Budrich), pp. 95-111.
Kelle, U., ed. (1995). Computer-aided Qualitative Data Analysis: Theory, Methods and Practice (London, Sage).
Kendell, R.E. (1975). The Role of Diagnosis in Psychiatry (Oxford, Blackwell).
Kessler, B.H. (1997). Daten aus dem Interview. In Psychologische Diagnostik, R.S. Jäger, und F. Petermann, eds. (Weinheim, Psychologische Verlagsunion), pp. 429-439.
Kirschbaum, C., Prüssner, J.C., Stone, A.A., and Federenko, I. (1995). Persistent High Cortisol Responses to Repeated Psychological Stress in a Subpopulation of Healthy Men. Psychosomatic Medicine 57, 468-474.
Konopásek, Z. (2008). Making Thinking Visible with Atlas.ti: Computer Assisted Qualitative Analysis as Textual Practices. Forum Qualitative Sozialforschung / Forum: Qualitative Social Research 9.
Kowal, S., und O'Connell, D. (2004). Zur Transkription von Gesprächen. In Qualitative Forschung Ein Handbuch, U. Flick, E. Kardoff, und I. Steinke, eds. (Reinbek, Rowohlt), pp. 437-447.
Krippendorff, K. (2003). Content Analysis. An Introduction to its Methodology (Beverly Hills, London, Sage).
Kriz, J. (1999). Systemtheorie für Psychotherapeuten, Psychologen und Mediziner. Eine Einführung (Wien, Facultas-Universitätsverlag).
Kruckenberg, P., Wolfersdorf, M., Bauer, M., Kunze, H., Fritze, J., und Schmauß, M. (2001). Vergütung psychiatrischer Leistungen im neuen Krankenhaus-Entgeltsystem (DRG-System) Stellungnahme gegenüber der Deutschen Krankenhausgesellschaft (DKG). Der Nervenarzt 72, 894-896.
Kruse, P., and Stadler, M., eds. (1995). Ambiguity in Mind and Nature. Multistable Cognitive Phenomena (Berlin, Springer).
Kuzel, A.J. (1992). Sampling In Qualitative Inquiry. In Doing Qualitative Research, B.F. Crabtree, and W.L. Miller, eds. (Newbury Park, CA, SAGE), pp. 31-44.
La Pelle, N. (2004). Simplifying Qualitative Data Analysis Using General Purpose Software Tools. Field Methods 16, 85-108.

Larner, G. (2004). Family Therapy and the Politics of Evidence. Journal of Family Therapy 26, 17-39.
Leff, J., Sharpley, M., Chisholm, D., Bell, R., and Gamble, C. (2001). Training Community Psychiatric Nurses in Schizophrenia Family Work: A Study of Clinical and Economic Outcomes for Patients and Relatives. Journal of Mental Health 10, 189-197.
Leff, J., Vearnals, S., Brewin, C.R., Wolff, G., Alexander, B., Asen, E., Dayson, D., Jones, E., Chisholm, D., and Everitt, B. (2000). The London Depression Intervention Trial. Randomised Controlled Trial of Antidepressants v. Couple Therapy in the Treatment and Maintenance of People with Depression Living with a Partner: Clinical Outcome and Costs. British Journal of Psychiatry 177, 95-100.
Lehtinen, K. (1993). Need-adapted treatment of schizophrenia: a five-year follow-up study from the Turku project. Acta Psychiatrica Scandinavica 87, 96-101.
Lidz, R.W., and Lidz, T. (1949). The Family Environment of Schizophrenic Patients. The American Journal of Psychiatry 106, 332-345.
Liem, J.H. (1974). Effects of Verbal Communication of Parents and Children: A Comparison of Normal and Schizophrenic Families. Journal of Consulting and Clinical Psychology 42, 438-450.
Ludewig, K. (2002). Zum Krankheitsbegriff in der Psychiatrie. In Systemische Praxis in der Psychiatrie, N. Greve, und T. Keller, eds. (Heidelberg, Carl-Auer-Systeme), pp. 45-61.
Luhmann, N. (1984). Soziale Systeme (Frankfurt am Main, Suhrkamp).
Luhmann, N. (2000). Organisation und Entscheidung (Frankfurt am Main, Suhrkamp).
Luisi, P.L. (2003). Autopoiesis: A Review and a Reappraisal. Naturwissenschaften 90, 49-59.
Malterud, K. (2001a). The Art and Science of Clinical Knowledge: Evidence Beyond Measures and Numbers. The Lancet 358, 397-400.
Malterud, K. (2001b). Qualitative Research: Standards, Challenges, and Guidelines. The Lancet 358, 483-488.
Maurer, H. (2009). SYMPA.nachhaltig: Ein 3-Jahres-Follow-up zu Burnout und Teamklima in der systemischen Akutpsychiatrie. In Fakultät für Psychologie und Sportwissenschaft (Abteilung für Psychologie) (Bielefeld, Universität Bielefeld), pp. 135.
Mayring, P. (2000). Qualitative Inhaltsanalyse. Forum Qualitative Sozialforschung / Forum: Qualitative Social Research 1.
Mayring, P. (2003). Qualitative Inhaltsanalyse. Grundlagen und Techniken (Weinheim, Beltz).
Meuser, M., und Nagel, U. (2005). ExpertInneninterviews - vielfach erprobt,

wenig bedacht. Ein Beitrag zur qualitativen Methodendiskussion. In Das Experteninterview Theorie, Methode, Anwendung, A. Bogner, B. Littig, und W. Menz, eds. (Opladen, Leske & Budrich), pp. 71-94.
Miklowitz, D.J. (2004). The Role of Family Systems in Severe and Recurrent Psychiatric Disorders: A Developmental Psychopathology View. Development and Psychopathology *16*, 667-688.
Miklowitz, D.J., and Stackman, D. (1992). Communication Deviance in the Families of Schizophrenic and other Psychiatric Patients: Current State of the Construct. In Progress in Experimental Psychopathology Research, E.F. Walker, R.H. Dworkin, and B.A. Cornblatt, eds. (New York, Springer), pp. 1-46.
Miklowitz, D.J., and Tompson, M.C. (2003). Family Variables and Interventions in Schizophrenia. In Textbook of Marital and Family Therapy, G.P. Sholevar, and L.D. Schwoeri, eds. (Washington, American Psychiatric Publications).
Miles, M.B., and Huberman, A.M. (1994). Qualitative Data Analysis. An Expanded Sourcebook (Thousand Oaks, Sage).
Minuchin, S. (1974). Families and Family Therapy (Cambridge, MA, Harvard University Press).
Möller-Leimkühler, A.M. (2008). Soziologische und sozialpsychologische Aspekte psychischer Erkrankungen. In Psychiatrie und Psychotherapie, H.J. Möller, G. Laux, und H.P. Kapfhammer, eds. (Heidelberg, Springer), pp. 277-304.
Moon, S.M., Dillon, D.R., and Sprenkle, D.H. (1990). Family Therapy and Qualitative Research. Journal of Marital & Family Therapy *16*, 357-373.
Muhr, T. (1991). ATLAS/ti - A Prototype for the Support of Text Interpretation. Qualitative Sociology *14*, 349-371.
Nicolai, E., Hirschenberger, N., Schweitzer, J., und Weber, G. (2001a). Organisationsentwicklung unter systemischer Blickrichtung. Ergebnisse eines Praxisforschungsprojektes und Empfehlungen für die psychiatrische Führungskraft. In Führen und Leiten in psychiatrischen Einrichtungen, G. Tergeist, ed. (Bonn, Psychiatrie-Verlag), pp. 165-190.
Nicolai, E., Schweitzer, J., Weber, G., Hirschenberger, N., und Verres, R. (2001b). Woran erkennt man, dass psychiatrische Organisationen "systemisch arbeiten"? Familiendynamik *26*, 117-134.
Nuechterlein, K.H., Goldstein, M.J., Ventura, J., Dawson, M.E., and Doane, J.A. (1989). Patient-environment Relationships in Schizophrenia: Information Processing, Communication Deviance, Autonomic Arousal, and Stressful Life Events. British Journal of Psychiatry *155*, 84-89.
Nuechterlein, K.H., Snyder, K.S., and Mintz, J. (1992). Paths to Relapse: Possible Transactional Processes Connecting Patient Illness Onset, Expressed Emotion, and Psychotic Relapse. British Journal of Psychiatry *161*, 88-96.
Ochs, M. (2009). Methodenvielfalt in der Psychotherapieforschung.

Psychotherapeutenjournal 2, 120-132.
Ochsner, K.N., and Lieberman, M.D. (2001). The Emergence of Social Cognitive Neuroscience. American Journal of Psychology 56, 717-734.
Pharoah, F., Mari, J., Rathbone, J., and Wong, W. (2010). Family intervention for schizophrenia. Cochrane Database Syst Rev, CD000088.
Pope, C., Ziebland, S., and Mays, N. (2000). Analysing qualitative data. British Medical Journal 320, 114-116.
Pospeschill, M. (2007). SPSS für Fortgeschrittene - Durchführung fortgeschrittener statistischer Verfahren (Hannover, RRZN-Verlag).
Pote, H., Stratton, P., Cottrell, D., Shapiro, D., and Boston, P. (2003). Systemic Family Therapy can be manualized: Research Process and Findings. Journal of Family Therapy 25, 236-262.
Rait, D., and Glick, I. (2008a). A Model for Reintegrating Couples and Family Therapy Training in Psychiatric Residency Programs. Academic Psychiatry 32, 81-86.
Rait, D., and Glick, I. (2008b). Reintegrating Family Therapy Training in Psychiatric Residency Programs: Making the Case. Academic Psychiatry 32, 76-80.
Retzer, A. (2008). Systemische Psychotherapie - Theoretische Grundlagen und klinische Anwendungsprinzipien. In Psychiatrie und Psychotherapie, H.J. Möller, G. Laux, und H.P. Kapfhammer, eds. (Heidelberg, Springer Medizin), pp. 815-840.
Retzlaff, R., Sydow, K.v., Beher, S., Haun, M.W., and Schweitzer, J. (2013). The Efficacy of Systemic Therapy for Internalizing and Other Disorders of Childhood and Adolescence: A Systematic Review of 38 Randomized Trials. Family Process 52, 619-652.
Ritsert, J. (1972). Inhaltsanalyse und Ideologiekritik (Frankfurt, Athenäum).
Rosenhan, D.L. (1973). On Being Sane in Insane Places. Science 179, 250-258.
Ruf, G.D. (2000). Systemische Psychiatrie - ein Praxiskonzept. Familiendynamik 25, 533-550.
Ruf, G.D. (2005). Systemische Psychiatrie. Ein ressourcenorientiertes Lehrbuch (Stuttgart, Klett-Cotta).
Sandifer, M.G., Hordern, A., and Green, L. (1970). The Psychiatric Interview: The Impact of the First Three Minutes. American Journal of Psychiatry 126, 968-973.
Sargent, J. (2001). Variations in Family Composition: Implications for Family Therapy. Child and Adolescent Psychiatric Clinics of North America 10, 577-599.
Sartorius, N. (1990). Classifications in the Field of Mental Health. World Health Statistics Quarterly 43, 269-272.
Satir, V. (1975). Selbstwert und Kommunikation (München, Pfeiffer).

Schein, E.H. (2003). Organisationskultur (Bergisch-Gladbach, Edition Humanistische Psychologie).
Schiepek, G. (1999). Die Grundlagen der Systemischen Therapie. Theorie - Praxis - Forschung (Göttingen, Vandenhoeck & Ruprecht).
Schiepek, G. (2009). Systemische Neurowissenschaften und systemische Therapie. In Systemische Hirngespinste Impulse für die systemische Theorie und Praxis R. Hanswille, ed. (Göttingen, Vandenhoeck & Ruprecht), pp. 34-62.
Schiepek, G., ed. (2010). Neurobiologie der Psychotherapie (Stuttgart, Schattauer).
Schiepek, G., Tominschek, I., Karch, S., Lutz, J., Mulert, C., Meindl, T., and Pogarell, O. (2008). A Controlled Single Case Study with repeated fMRI Measurements during the Treatment of a Patient with Obsessive-compulsive Disorder: Testing the Nonlinear Dynamics Approach to Psychotherapy. World Journal of Biological Psychiatry, 1-11.
Schlippe, A.v., und Schweitzer, J. (2003). Lehrbuch der systemischen Therapie und Beratung (Göttingen, Vandenhoeck & Ruprecht).
Schmidt, G. (1985). Systemische Familientherapie als zirkuläre Hypnotherapie. Familiendynamik 10, 241-264.
Schnell, K., and Herpertz, S.C. (2007). Effects of Dialectic-behavioral-therapy on the Neural Correlates of Affective Hyperarousal in Borderline Personality Disorder. Journal of Psychiatric Research 41, 837-847.
Schweitzer, J. (1995). Kundenorientierung als systemische Dienstleistungsphilosophie. Familiendynamik 20, 292-313.
Schweitzer, J., Engelbrecht, D., Schmitz, D., Borst, U., und Nicolai, E. (2005). Systemische Akutpsychiatrie. Ein Werkstattbericht. Psychotherapie im Dialog 3, 255-263.
Schweitzer, J., Ginap, C., Twardowski, J.v., Zwack, J., Borst, U., and Nicolai, E. (2007a). Training Psychiatric Teams to do Family Systems Acute Psychiatry. Journal of Family Therapy 29, 3-20.
Schweitzer, J., und Grünwald, H.S. (2003). SYMPA. Vorschau auf ein Großexperiment zur systemischen Therapie und Forschung in der Akutpsychiatrie. Systeme 17, 36-46.
Schweitzer, J., und Nicolai, E. (2010). SYMPAthische Psychiatrie. Handbuch systemisch-familienorientierten Arbeitens (Göttingen, Germany, Vandenhoeck & Ruprecht).
Schweitzer, J., Schlippe, A.v., und Ochs, M. (2007b). Theorie und Praxis der systemischen Psychotherapie. In Lehrbuch der Psychotherapie, B. Strauß, F. Caspar, und F. Hohagen, eds. (Göttingen, Hogrefe), pp. 261-286.
Schweitzer, J., und Schumacher, B. (1995). Die unendliche und endliche Psychiatrie. Zur (De)Konstruktion von Chronizität (Heidelberg, Carl-Auer-Systeme).

Schweitzer, J., und Zwack, J. (2009). Grundlagen der systemischen Therapie. In Psychotherapie in der Psychiatrie, V. Arolt, und A. Kersting, eds. (Berlin, Springer), pp. 75-96.
Schweitzer, J., Zwack, J., Nicolai, E., Grünwald, H., Ginap, C., und Twardowski, J.v. (2006). SYMPAthische Akutpsychiatrie: ein Weg, systemische Therapie noch deutlich "alltagsfähiger" zu machen? Zeitschrift für systemische Therapie und Beratung 24, 175-182.
Schweitzer, J., Zwack, J., Weber, G., Nicolai, E., and Hirschenberger, N. (2007c). Family Systems Psychiatry: Principles, Good Practice Guidelines, Clinical Examples, and Challenges. American Journal of Orthopsychiatry 77, 377-385.
Shadish, W.R., Matt, G.E., Navarro, A.M., and Phillips, G. (2000). The Effects of Psychological Therapies under Clinically Representative Conditions: A Metaanalysis. Psychological Bulletin 126, 512-529.
Shadish, W.R., and Sweeney, R. (1991). Mediators and Moderators in Metaanalysis: There's a Reason We don't let Dodo Birds tell us which Psychotherapies should have Prizes. Journal of Consulting and Clinical Psychology 59, 883-893.
Siira, V., Wahlberg, K.-E., Hakko, H., Tienari, P., and Läksy, K. (2007). Interaction of Genetic Vulnerability to Schizophrenia and Communication Deviance of Adoptive Parents associated with MMPI Schizophrenia Vulnerability Indicators of Adoptees. Nordic Journal of Psychiatry 61, 418-426.
Simon, F.B. (1990). Meine Psychose, mein Fahrrad und ich (Heidelberg, Carl-Auer-Systeme).
Simon, F.B. (1993). Unterschiede, die Unterschiede machen. Klinische Epistemologie: Grundlagen einer systemischen Psychiatrie und Psychosomatik (Frankfurt am Main, Suhrkamp).
Simon, F.B. (1995). Die andere Seite der Gesundheit (Heidelberg, Carl-Auer-Systeme).
Simon, F.B. (2008). Einführung in die systemische Organisationstheorie (Heidelberg, Carl-Auer-Systeme).
SPSS (2008). SPSS Statistics 17.0.
Stierlin, H. (1994). Individuation und Familie. Studien zur Theorie und therapeutischen Praxis (Frankfurt am Main, Suhrkamp).
Strunk, G., und Schiepek, G. (2006). Systemische Psychologie. Eine Einführung in die komplexen Grundlagen menschlichen Verhaltens (München, Elsevier).
Subotnik, K.L., Goldstein, M.J., Nuechterlein, K.H., Mintz, J., and Woo, S.M. (2002). Are Communication Deviance and Expressed Emotion related to Family History of Psychiatric Disorders in Schizophrenia? Schizophrenia Bulletin 28, 719-729.
Sydow, K.v., Beher, S., Schweitzer, J., and Retzlaff, R. (2010). The Efficacy of Systemic Therapy with Adult Patients. A Meta-Content Analysis of 38

Randomized Controlled Trials. Family Process *49*, 457-485.
Sydow, K.v., Retzlaff, R., Beher, S., Haun, M.W., and Schweitzer, J. (2013). The Efficacy of Systemic Therapy for Childhood and Adolescent Externalizing Disorders: A Systematic Review of 47 RCT. Family Process *52*, 576-618.
Tarrier, N., and Turpin, G. (1992). Psychosocial Factors, Arousal and Schizophrenic Relapse: The Psychophysiological Data. British Journal of Psychiatry *161*, 3-11.
Tienari, P., Wynne, L.C., Sorri, A., Läksy, K., Naarala, M., Wahlberg, K.-E., Nieminen, P., Moring, J., and Lahti, I. (2004). Genotype-environment Interaction in Schizophrenia-spectrum Disorder: Long-term Follow-up Study of Finnish Adoptees. British Journal of Psychiatry *184*, 216-222.
Varela, F.G., Maturana, H.R., and Uribe, R. (1974). Autopoiesis: The Organization of Living Systems, its Characterization and a Model. Currents in Modern Biology *5*, 187-196.
Wahlberg, K.-E., Wynne, L.C., Oja, H., and Keskitalo, P. (1997). Gene-environment Interaction in Vulnerability to Schizophrenia: Findings from the Finnish Family Study of Schizophrenia. American Journal of Psychiatry *154*, 355-362.
Walker, E.F., and Diforio, D. (1997). Schizophrenia: A Neural Diathesis-stress Model. Psychological Review *104*, 667-685.
Warglien, M. (2002). Intraorganizational Evolution. In The Blackwell Companion to Organizations, J.A.C. Baum, ed. (Malden, MA, Blackwell), pp. 98-118.
Watzlawick, P., Beavin, J.H., and Jackson, D.D. (1969). Pragmatics of Human Communication: A Study of Interactional Patterns, Pathologies, and Paradoxes.
Watzlawick, P., Weakland, J.H., and Fisch, R. (1974). Lösungen (Bern, Huber).
Welter-Enderlin, R., und Hildenbrand, B. (2004). Systemische Therapie als Begegnung (Stuttgart, Klett-Cotta).
Wilkinson, I. (2000). The Darlington Family Assessment System: Clinical Guidelines for Practitioners. Journal of Family Therapy *22*, 211-224.
Willke, H. (1996). Systemtheorie I. Grundlagen (Stuttgart, Lucius & Lucius).
Wilm, A. (2005). Psychologische Methodenlehre für Nebenfachstudierende I+II. Varianzanalytische Verfahren.
Wissenschaftlicher Beirat Psychotherapie (2009). Gutachten zur wissenschaftlichen Anerkennung der Systemischen Therapie. Deutsches Ärzteblatt *106*, A208-A211.
Wynne, L.C., and Singer, M.T. (1963a). Thought Disorder and Family Relations of Schizophrenics: I. A Research Strategy. Archives of General Psychiatry *9*, 191-198.
Wynne, L.C., and Singer, M.T. (1963b). Thought Disorder and Family Relations of Schizophrenics: II. A Classification of Forms of Thinking. Archives of General

Psychiatry 9, 199-206.
Yandoli, D., Eisler, I., Robbins, C., Mulleady, G., and Dare, C. (2002). A Comparative Study of Family Therapy in the Treatment of Opiate Users in a London Drug Clinic. Journal of Family Therapy 24, 402-422.
Zwack, J., und Schweitzer, J. (2007). Systemtherapeutisches Arbeiten in der Akutpsychiatrie. Familiendynamik 32, 247-261.
Zwack, J., und Schweitzer, J. (2008). Multiprofessionelle systemisch-familientherapeutische Teamweiterbildung in der Akutpsychiatrie. Auswirkungen auf die Teamkooperation und die Mitarbeiterbelastung. Psychiatrische Praxis 35, 15-20.

8. Tabellarischer Anhang

Anhang 1 – Systemischer Interventionsfragebogen (SIFB)

1. Auftrags- und Therapiezielklärung
- a) Wird eine Auftrags- und Therapiezielklärung auf Ihrer Station durchgeführt?

  ❏ Ja, die Auftrags- und Therapiezielklärung findet statt bei...

  |―――――|―――――|―――――|―――――|

  100% der   50% der   unter 10% der Patienten

  Patienten   Patienten

  ❏ Nein.

  Falls nein: Was sind Gründe und Ursachen dafür, dass die Auftrags- und Therapiezielklärung nicht durchgeführt wird? *Danach direkt zu 2. Genogramminterview*

- b) Wird die Auftrags- und Therapiezielklärung schriftlich fixiert?

  ❏ Ja

  ❏ Nein

  Falls ja: Unterschreiben die Patienten diese?

      ❏ Ja

      ❏ Nein

      Erhalten die Patienten einen Durchschlag/eine Kopie?

      ❏ Ja

      ❏ Nein

      Ist die Auftrags- und Therapiezielklärung Teil des Dokumentationssystems?

      ❏ Ja

      ❏ Nein

- c) Werden die Patienten im Falle von Demotivation während des Behandlungsprozesses mit der Auftrags- und Therapiezielklärung konfrontiert?

  ❏ Ja

  ❏ Nein

d) Trägt die Auftrags- und Therapiezielklärung zur zeitlichen Begrenzung des Aufenthalts der Patienten bei?

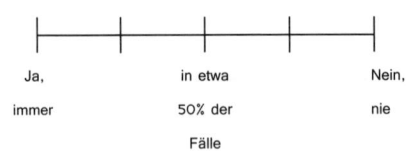

|───────────────|───────────────|───────────────|

    Ja,   in etwa   Nein,

   immer   50% der   nie

                  Fälle

e) Inwieweit kann die Auftrags- und Therapiezielklärung mit akut psychotischen, dementen, stark chronifizierten sowie zwangshospitalisierten Patienten erreicht werden?

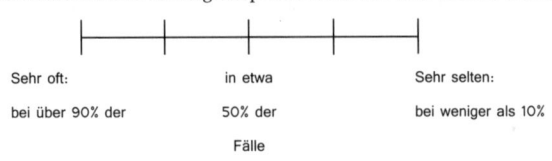

|───────────────|───────────────|───────────────|

  Sehr oft: in etwa   Sehr selten:

bei über 90% der   50% der   bei weniger als 10%

                Fälle

f) Wie schätzen Sie die Entwicklung des Nutzungsgrad der Auftrags- und Therapiezielklärung seit Ende der Hauptphase des SYMPA-Projektes 2005 ein?

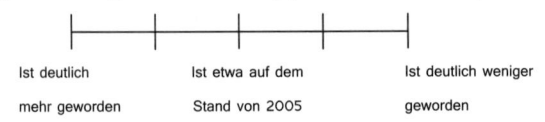

|───────────────|───────────────|───────────────|

Ist deutlich   Ist etwa auf dem   Ist deutlich weniger

mehr geworden   Stand von 2005   geworden

g) Haben Sie Vorschläge zur Verbesserung der Auftrags- und Therapiezielklärung, wenn ja, welche?

2. Genogramminterview

a) Werden Genogramminterviews auf Ihrer Station durchgeführt?

❏ Ja, Genogramminterviews finden statt bei…

|───────────────|───────────────|───────────────|

100% der   50% der   unter 10% der Patienten

Patienten   Patienten

❏ Nein.

Falls nein: Was sind Gründe und Ursachen dafür, dass Genogramminterviews nicht durchgeführt werden? *Danach direkt zu 3. Systemisches Familiengespräch*

b) Ist das Genogramminterview Teil des Dokumentationssystems?

❏ Ja

❏ Nein

Falls nein: Wie werden die Informationen aus dem Genogramminterview an andere Teammitglieder weitergegeben?

c) Wer nimmt an den Genogramminterviews teil?

   Patient ☐   Pflege ☐   Ärzte ☐   Sonstige, nämlich ☐ _____

d) Wo werden die aus dem Genogramminterview gewonnenen Informationen genutzt?

e) Trägt die Genogrammarbeit zum besseren Verständnis der Verhaltensweisen der Patienten bei?

   |―――――|―――――|―――――|―――――|
   Ja,   Ja,   Nein,
   sehr   mittelmäßig   überhaupt nicht

f) Wie schätzen Sie die Entwicklung des Nutzungsgrades von Genogramminterviews seit Ende der Hauptphase des SYMPA-Projektes 2005 ein?

   |―――――|―――――|―――――|―――――|
   Ist deutlich   Ist etwa auf dem   Ist deutlich weniger
   mehr geworden   Stand von 2005   geworden

g) Haben Sie Vorschläge zur Verbesserung des Genogramminterviews, wenn ja, welche?

3. Systemisches Familiengespräch

a) Werden systemische Familiengespräche auf Ihrer Station durchgeführt?
   ☐ Ja, systemische Familiengespräche finden statt bei…

   |―――――|―――――|―――――|―――――|
   100% der   50% der   unter 10% der Patienten
   Patienten   Patienten

   ☐ Nein.
   Falls nein: Was sind Gründe und Ursachen dafür, dass systemische Familiengespräche nicht durchgeführt werden? *Danach direkt zu 4. Reflecting Team*

b) Wie viele systemische Familiengespräche werden durchschnittlich pro Woche geführt?

   weniger als eins ☐   1-2 ☐   2-3 ☐   mehr als drei ☐

c) Gibt es eine feste Räumlichkeit, in der die systemischen Familiengespräche stattfinden?
   ☐ Ja
   ☐ Nein

d) Wie viele Personen aus dem Team nehmen durchschnittlich am systemischen Familiengespräch teil?

   durchschnittlich _____ Personen

e) Wie lange dauert ein systemisches Familiengespräch durchschnittlich?

   durchschnittlich _____ Minuten

f) Wurde ein Familiengesprächskalender zur Reservierung von Zeitfenstern für die Gespräche eingeführt?
   ❑ Ja
   ❑ Nein

g) Wie werden die Familiengespräche dokumentiert?

h) Wie werden die Inhalte des Familiengesprächs an andere Teammitglieder weitergeleitet?

i) Wie stark tragen die systemischen Familiengespräche zur Vertrauensbildung und Förderung von Kooperation bei?

   ├─────┼─────┼─────┼─────┤
   sehr   mittelmäßig   sehr
   stark   gering

j) Wie schätzen Sie die Entwicklung des Nutzungsgrades von systemischen Familiengesprächen seit Ende der Hauptphase des SYMPA-Projektes 2005 ein?

   ├─────┼─────┼─────┼─────┤
   Ist deutlich   Ist etwa auf dem   Ist deutlich weniger
   mehr geworden   Stand von 2005   geworden

k) Haben Sie Vorschläge zur Verbesserung der Familiengespräche, wenn ja welche?

4. Reflecting Team
a) Was verstehen Sie unter Reflecting Team?

b) Werden Reflecting Teams durchgeführt?
   ❑ Ja
   ❑ Nein

Falls ja: Wie häufig findet ein Reflecting Team statt?

|—————|—————|—————|—————|

sehr oft: durchschnittlich   sehr selten:

mehrmals pro   einmal pro   ca. einmal im Monat

Woche   Woche

Falls nein: Was sind Gründe und Ursachen dafür, dass Reflecting Teams nicht durchgeführt werden? *Danach direkt zu 5. Systemische Intervention/Supervision*

c) Hat das Reflecting Team Einfluss auf die Kooperation der Mitarbeiter auf der Station?
❏ Ja, nämlich _____
❏ Nein

d) Hat das Reflecting Team Einfluss auf den therapeutischen Prozess?
❏ Ja, nämlich _____
❏ Nein

e) Wie schätzen Sie die Entwicklung des Nutzungsgrades des Reflecting Teams seit Ende der Hauptphase des SYMPA-Projektes 2005 ein?

|—————|—————|—————|—————|

Ist deutlich   Ist etwa auf dem   Ist deutlich weniger

mehr geworden   Stand von 2005   geworden

f) Haben Sie Vorschläge zur verbesserten Durchführung des Reflecting Teams, wenn ja welche?

5. Systemische Intervention/Supervision

a) Findet eine systemische Intervention/Supervision statt?
❏ Ja
❏ Nein

Falls ja: Eine systemische Intervention/Supervision findet auf unserer Station _____ im Monat statt.

Falls nein: Was sind Gründe und Ursachen dafür, dass systemische Intervention/Supervision nicht durchgeführt werden? *Danach Ende.*

b) Wem kam die Rolle des Intervisors/Supervisors zu?

c) Hatte die systemische Intervention/Supervision Auswirkungen auf die Kommunikation im Team?
❏ Ja, nämlich _____
❏ Nein

d) Hatte die systemische Intervention/Supervision Auswirkungen auf die Dynamik im Behandlungsprozess?
❏ Ja, nämlich _____
❏ Nein

e) Wie schätzen Sie die Entwicklung des Nutzungsgrades der systemischen Intervention/Supervision seit Ende der Hauptphase des SYMPA-Projektes 2005 ein?

|—————|—————|—————|—————|

Ist deutlich mehr geworden   Ist etwa auf dem Stand von 2005   Ist deutlich weniger geworden

f) Haben Sie Vorschläge zur Verbesserung der systemischen Intervention/Supervision, wenn ja welche?

Anhang 2 – Checkliste Systemische Akutpsychiatrie (CSA) nach Zwack & Schweitzer (2007)

Liebe(r) Stationsmitarbeiter(in),

in der nachfolgenden Checkliste geht es um Ihre Einschätzung bzgl. der Auswirkungen und des Nutzens des SYMPA-Projekts seit dem Beginn Ihrer Arbeit auf einer an SYMPA beteiligten Station.

Im ersten Teil bitten wir Sie um eine kurze Rückmeldung zu den Auswirkungen von SYMPA auf die Zusammenarbeit in Ihrem Team und Ihr berufliches Selbstverständnis. Im zweiten Teil geht es um Ihre Einschätzungen zur Frage „Was von SYMPA bewährt sich in der klinischen Praxis?"

Das Ausfüllen der beiden Listen braucht nur wenige Minuten und liefert uns wertvolle Einblicke in die Nützlichkeit des SYMPA-Projekts aus Ihrer Sicht.

Herzlichen Dank für Ihre Teilnahme!

Interventionsteil:

	Nutzungsgrad	Realisierbarkeit	Freude an der Anwendung	Aufwand/Ertrag-Verhältnis	Nachhaltigkeit
	„Das Ausmaß, in dem ich dieses Element nutze ist..."	„Wie gut ist dies in den Stationsalltag integrierbar?"	„Es macht Spaß mit diesem Element zu arbeiten."	„Das Verhältnis von zeitlichem/nervlichem Aufwand und Nutzen ist..."	„Die Wahrscheinlichkeit, dass uns dies auch nach Projektende erhalten bleibt ist..."
Genogramm erheben, in die Akte legen, ergänzen	sehr hoch ☐ eher hoch ☐ eher gering ☐ gleich Null ☐	sehr gut ☐ gut ☐ mäßig ☐ schlecht ☐	trifft voll zu ☐ trifft etwas zu ☐ trifft wenig zu ☐ trifft nicht zu ☐	sehr gut ☐ gut ☐ mäßig ☐ schlecht ☐	sehr hoch ☐ eher hoch ☐ eher gering ☐ gleich Null ☐
Systemische Therapiezielplanung/Auftragsklärung	sehr hoch ☐ eher hoch ☐ eher gering ☐ gleich Null ☐	sehr gut ☐ gut ☐ mäßig ☐ schlecht ☐	trifft voll zu ☐ trifft etwas zu ☐ trifft wenig zu ☐ trifft nicht zu ☐	sehr gut ☐ gut ☐ mäßig ☐ schlecht ☐	sehr hoch ☐ eher hoch ☐ eher gering ☐ gleich Null ☐
Reflecting Team im Beisein des Patienten	sehr hoch ☐ eher hoch ☐ eher gering ☐ gleich Null ☐	sehr gut ☐ gut ☐ mäßig ☐ schlecht ☐	trifft voll zu ☐ trifft etwas zu ☐ trifft wenig zu ☐ trifft nicht zu ☐	sehr gut ☐ gut ☐ mäßig ☐ schlecht ☐	sehr hoch ☐ eher hoch ☐ eher gering ☐ gleich Null ☐
Systemische Einzelgespräche	sehr hoch ☐ eher hoch ☐ eher gering ☐ gleich Null ☐	sehr gut ☐ gut ☐ mäßig ☐ schlecht ☐	trifft voll zu ☐ trifft etwas zu ☐ trifft wenig zu ☐ trifft nicht zu ☐	sehr gut ☐ gut ☐ mäßig ☐ schlecht ☐	sehr hoch ☐ eher hoch ☐ eher gering ☐ gleich Null ☐
Systemische Familiengespräche	sehr hoch ☐ eher hoch ☐ eher gering ☐ gleich Null ☐	sehr gut ☐ gut ☐ mäßig ☐ schlecht ☐	trifft voll zu ☐ trifft etwas zu ☐ trifft wenig zu ☐ trifft nicht zu ☐	sehr gut ☐ gut ☐ mäßig ☐ schlecht ☐	sehr hoch ☐ eher hoch ☐ eher gering ☐ gleich Null ☐

	Nutzungsgrad	Realisierbarkeit	Freude an der Anwendung	Aufwand/Ertrag-Verhältnis	Nachhaltigkeit
	„Das Ausmaß, in dem ich dieses Element nutze ist..."	„Wie gut in den Stationsalltag integrierbar?"	„Es macht Spaß mit diesem Element zu arbeiten."	„Das Verhältnis von zeitlichem/nervlichem Aufwand und Nutzen ist..."	„Die Wahrscheinlichkeit, dass uns dies auch nach Projektende erhalten bleibt ist..."
Systemisches Verhandeln über Medikamenteneinnahme	sehr hoch ☐ eher hoch ☐ eher gering ☐ gleich Null ☐	sehr gut ☐ gut ☐ mäßig ☐ schlecht ☐	trifft voll zu ☐ trifft etwas zu ☐ trifft wenig zu ☐ trifft nicht zu ☐	sehr gut ☐ gut ☐ mäßig ☐ schlecht ☐	sehr hoch ☐ eher hoch ☐ eher gering ☐ gleich Null ☐
Systemisches Verhandeln über Zwangsmaßnahmen	sehr hoch ☐ eher hoch ☐ eher gering ☐ gleich Null ☐	sehr gut ☐ gut ☐ mäßig ☐ schlecht ☐	trifft voll zu ☐ trifft etwas zu ☐ trifft wenig zu ☐ trifft nicht zu ☐	sehr gut ☐ gut ☐ mäßig ☐ schlecht ☐	sehr hoch ☐ eher hoch ☐ eher gering ☐ gleich Null ☐
Systemisches Verhandeln über abrupte Entlassung	sehr hoch ☐ eher hoch ☐ eher gering ☐ gleich Null ☐	sehr gut ☐ gut ☐ mäßig ☐ schlecht ☐	trifft voll zu ☐ trifft etwas zu ☐ trifft wenig zu ☐ trifft nicht zu ☐	sehr gut ☐ gut ☐ mäßig ☐ schlecht ☐	sehr hoch ☐ eher hoch ☐ eher gering ☐ gleich Null ☐
Lesenlassen und Verhandeln von Entlassberichten	sehr hoch ☐ eher hoch ☐ eher gering ☐ gleich Null ☐	sehr gut ☐ gut ☐ mäßig ☐ schlecht ☐	trifft voll zu ☐ trifft etwas zu ☐ trifft wenig zu ☐ trifft nicht zu ☐	sehr gut ☐ gut ☐ mäßig ☐ schlecht ☐	sehr hoch ☐ eher hoch ☐ eher gering ☐ gleich Null ☐
Systemisches Entlassgespräch	sehr hoch ☐ eher hoch ☐ eher gering ☐ gleich Null ☐	sehr gut ☐ gut ☐ mäßig ☐ schlecht ☐	trifft voll zu ☐ trifft etwas zu ☐ trifft wenig zu ☐ trifft nicht zu ☐	sehr gut ☐ gut ☐ mäßig ☐ schlecht ☐	sehr hoch ☐ eher hoch ☐ eher gering ☐ gleich Null ☐

Kooperationsteil:

Auswirkungen von SYMPA auf Teamkooperation und berufliches Selbstverständnis

ZUSAMMENARBEIT	hat deutlich zugenommen	hat etwas zugenommen	ist unverändert	hat etwas abgenommen	hat deutlich abgenommen
die Enge der Zusammenarbeit im Stationsteam	○	○	○	○	○
die Bedeutung der Hierarchien im Stationsteam	○	○	○	○	○
der wechselseitige Informationsaustausch zwischen den Berufsgruppen	○	○	○	○	○
die wechselseitige Unterstützung zwischen den Berufsgruppen	○	○	○	○	○

Anhang 3 – Leitfaden zur halbstrukturierten Interviewdurchführung

0. EINLEITUNGSFRAGEN

Wie lange sind Sie schon bei SYMPA dabei? In welcher Intensität waren/sind Sie in SYMPA involviert?

Wie lange arbeiten Sie schon hier (auf der Station/in diesem Arbeitsbereich)?

1. SYMPA AUF DEN PROBANDENSTATIONEN

1.1. Hilfen und Hemmnisse bezüglich der Stabilisierung von SYMPA auf den Probandenstationen

Was hat in den letzten drei Jahren (seit Projektende 2005) zur Konsolidierung und Stabilisierung von SYMPA-Ideen und -Praktiken beigetragen? Worin äußert sich diese Konsolidierung und Stabilisierung? Was sind Handlungen, Abläufe, Prozedere, an denen Sie diese festmachen?

Was waren/sind die wesentlichen Hemmnisse dafür, dass SYMPA sich in den letzten drei Jahren (seit Projektende 2005) auf den Probandenstationen stabilisieren konnte und wie können diese Hemmnisse überwunden werden?

Kostete SYMPA in den letzten drei Jahren mehr Ressourcen bzw. Zeit als es freisetzt oder umgekehrt?

1.2. SYMPA goes local: Wie führen die Kliniken SYMPA eigenständig weiter...

Welche SYMPA-Einarbeitungspraktiken wurden bei Ihnen verwendet? Welche bewähren sich?

Wie wird das SYMPA Handbuch bei der Einarbeitung benutzt? Scheint es Ihnen bei der Einarbeitung nützlich? Wenn ja, warum? Wenn nein, warum?

Wurde SYMPA eingebaut (wenn ja: wie?)
- in das Dokumentationssystem
- in das Qualitätsmanagement
- in die ärztliche Facharztweiterbildung
- in die innerbetriebliche Fortbildung in der Pflege
- in sonstige Fort-, Weiterbildungs- und Qualitätssicherungsaktivitäten?

Wie kann SYMPA „alleine" überleben? Welche Hindernisse und Lösungsmöglichkeiten sehen Sie dabei?

2. SYMPA JENSEITS DER PROBANDENSTATIONEN

2.1. Verbreitung: Hat sich SYMPA hat sich teilweise von den Probandenstationen aus verbreitet und dort zu „mehr systemischem Arbeiten" geführt.

Fand nach Ihrem Eindruck in den letzten drei Jahren (seit Projektende 2005) eine Verbreitung der SYMPA-Ideen und -Praktiken über die Probandenstationen hinaus statt?

Umgekehrt gefragt: Welche Bereiche (Nachbarabteilungen? Ambulanz? Tagesklinik? Außerhalb des Krankenhauses?) sind völlig „SYMPA-frei" geblieben?

2.2. SYMPA und seine Umwelten

Zeigt oder versteckt sich SYMPA eher? Welche Außendarstellungen macht es, welche werden gewünscht?

Was ist Ihr Eindruck, wie SYMPA heute wahrgenommen wird von Nachbarabteilungen, Überweisenden, Patienten, Angehörigen, gesetzlichen Betreuern, Verbänden?

Wie wird SYMPA in der Öffentlichkeitsarbeit der Klinik vermarktet? Glauben Sie, dass es einen „Wettbewerbsvorteil" für die Klinik darstellt bzw. darstellen könnte? Welche Hindernisse gibt es bei der Vermarktung von SYMPA?

3. SYMPA IN DER ZEIT

3.1. SYMPA-Wellen zwischen Euphorie, Resignation und stabilem Langzeitbetrieb:

Wie würden Sie die Entwicklung von SYMPA in den letzten drei Jahren (seit Projektende 2005) beschreiben? Was waren in dieser Zeit für Sie Höhepunkte, was Tiefpunkte? Wie sieht vermutlich die zukünftige Entwicklung aus?

Was war das schönste sowie das schlechteste Erlebnis im Rahmen des SYMPA-Projektes in den letzten drei Jahren (seit Projektende 2005)?

Was würden Sie, wenn man die letzten drei Jahre seit Projektende 2005 berücksichtigt heute anders machen?

3.2. Blick voraus: Pläne, Prognosen, Zukunftswünsche

Was sind Ihre SYMPA-Zukunftsvisionen, Ihre Wünsche, Ihre realistischen Prognosen?

Welche Pläne haben Sie selbst bezüglich SYMPA? Was sind die konkreten nächsten Schritte, was der konkrete kleine nächste Schritt bezüglich SYMPA, den Sie anvisieren?

Was erwarten Sie hinsichtlich SYMPA künftig von
- Ihrer Abteilungsleitung
- Ihren Projektkoordinatoren
- den Heidelberg-Ludwigsburger Projektleitern und Trainern?

4. SYMPA IM SUBJEKTIVEN ERLEBEN

4.1. Kooperation

Hat SYMPA nach Ihrem Eindruck Einfluss auf die Zusammenarbeit gehabt (zwischen Mitarbeitern untereinander, zwischen den verschiedenen Berufsgruppen, zwischen Personal und Patienten, zwischen verschiedenen Institutionen)? Wenn ja, wie konkret lässt sich dieser positive Einfluss beschreiben, welche Effekte zeigt dieser?

4.2 Individuelle Arbeitsfreude und individuelle Arbeitsbelastung

Hat SYMPA ihre Arbeitsfreude bzw. Arbeitsbelastung positiv oder negativ beeinflusst? Wenn ja, wie konkret?

4.3 Teamklima

Wie würden Sie die Entwicklung der Stimmung im Team seit Projektbeginn (bzw. seit Ihrem ersten Tag auf einer SYMPA-Station) beschreiben?

Hat SYMPA zur Veränderung des Teamklima beigetragen?

5. ABSCHLUSS

Haben wir etwas Wichtiges vergessen zu fragen?

Hat dieses Gespräch eine neue Idee, einen neuen Impuls bezüglich SYMPA bei Ihnen ausgelöst?

Anhang 4 – Transkriptionsregeln

1. Sprecherwechsel werden durch I (= Interviewer) und T (= Teilnehmer) gekennzeichnet. Zusätzlich werden die gestellten Fragen des Interviewers fettgedruckt.

2. Es gibt keine mundartlichen Transkripte (Dialektausdrücke werden nur bei Wortformen notiert, die keine Entsprechung im Hochdeutsch kennen).

3. Die Satzstellung der Sprecher wird in der Regel wie gesprochen transkribiert; auf die Transkription von Stottern etc. wird jedoch verzichtet.

5. Auffällige Hervorhebungen (Emphase) werden durch eine Rotschreibung gekennzeichnet.

6. Satzzeichen werden bei allen rhythmischen und syntaktischen Einschnitten des Redeverlaufs gesetzt; d. h.
   o unabhängig von grammatikalischen Zeichensetzungsregeln:
   o Fragen und steigend endende Stimmführung: „?"
   o abgeschlossene Gedanken: „."
   o Reihung von miteinander verbundenen Aussagen mit jeweils steigend endender Stimmführung: „:"
   o kurzes Zögern, Gedanke wird aber fortgesetzt: „,"
   o abgebrochener Gedanke, gefolgt von einem anderen: „;"
   o längere Sprechpausen werden durch mehrere Punkte, je nach Länge der Pause gekennzeichnet: „…"
   o Kommentare werden (in Klammern) gesetzt, z.B.: (Interviewpartner lacht laut)